監修者——加藤友康／五味文彦／鈴木淳／高埜利彦

［**カバー表写真**］
**飛鳥浄御原宮の復原模型**
（北西の苑池は「白錦後苑（しらにしきのみその）」）

［**カバー裏写真**］
**現在の吉野宮瀧**
（奈良県吉野町）

［**扉写真**］
**藤原京の復原模型**
（大和三山に囲まれ，中央に大極殿南門が位置する）

日本史リブレット人006

# 天武天皇と持統天皇

## 律令国家を確立した二人の君主

*Yoshie Akiko*
義江明子

目次


大君は神にしませば———1

①
壬申の乱と軍国体制———4

大海人の立場／壬申の乱／逆賊と功臣たちのその後／政要は軍事なり／神風の伊勢

②
律令編纂と支配体制———27

近江令から大宝律令まで／氏の再編／地方行政組織と戸籍／官制の整備／「天皇」号と「日本」国号

③
飛鳥の宮から藤原京へ———48

重層する飛鳥「岡本」の宮／酒船石遺跡と石神遺跡／藤原京の都城プラン／大極殿と朱雀大路／国家構想のなかの仏教

④
王位継承方式の模索———71

群臣推戴と先帝遺詔／吉野誓盟から持統の権力掌握まで／持統即位儀の画期性／「定策禁中」と譲位／太上天皇持統とその死

歴史書の編纂と国際認識———92

## 大君は神にしませば

皇《おほきみ》は神にしませば　天雲《あまくも》の雷《いかづち》の上に廬《いほ》らせるかも（『万葉集《まんようしゅう》』三―二三五）

持統が飛鳥《あすか》の雷丘《いかずちのおか》▲に臨んだときに柿本人麻呂《かきのもとのひとまろ》がよんだ歌とされる。天皇を「神にしませば」「神ながら」とうたいあげる現人神《あらひとがみ》表現は、天武朝に始まり、持統朝に絶頂期を迎える。「天皇」の君主《くんしゅ》号としての制度的確立や、「日本」という国号の成立もこのころらしい。飛鳥浄御原令《きよみはらりょう》～大宝律令《たいほうりつりょう》と、中国の法体系にならった律令が制定されたのも、条坊《じょうぼう》を備えた最初の中国風都城《とじょう》である藤原《ふじわら》京《きょう》が造営されたのも、持統朝のことであり、その始まりは天武朝にある。律令国家体制の確立を担った二人の君主、それが天武（？～六八六）と持統（六四五～七〇二）の夫妻だった。

▼**雷丘**　奈良県高市《たかいち》郡明日香《あすか》村。甘樫丘《あまかしのおか》の飛鳥川を挟んだ対岸にある標高約一〇五メートルの小丘がそれにあたるとされる。『日本《にほん》霊異記《りょういき》』上一話に、雄略《ゆうりゃく》天皇がスガルに命じ、雷神をとらえてこの「雷岡」に戻させたという、地名起源説話がみえる。

六六〇（斉明《さいめい》六）年、百済《くだら》の滅亡に際し、倭国《わこく》は大軍を朝鮮半島に派遣した。西征軍は宮廷《きゅうてい》をあげて九州の前進基地に向かう。大海人《おおあま》（天武）と妃《きさき》たちもそのなかにいた。▲大田《おおた》は大伯《おおく》・大津《おおつ》の姉弟を、大田の同母妹で同じく大海人妃の鸕《う》野《の》（持統）は草壁《くさかべ》を、行軍の途次で生んだのである。白村江《はくそんこう》の戦い（六六三年）で唐《とう》（六一八～九〇七）と新羅《しらぎ》（四世紀半ば～九三五）の連合軍に大敗した倭国は、近江《おうみ》に遷都《せんと》し防備を固めた。ところがまもなく、唐と新羅は朝鮮半島の支配をめぐって対立し、双方から使者が倭国を訪れる。そのさなか、六七一（天智《てんじ》十）年十二月、天智天皇は没した。翌六七二（天武元）年の六月、天智の弟大海人と天智の子大友《おおとも》のあいだで、継承争いが勃発する。壬申《じんしん》の乱《らん》である。天智の娘の鸕野も、幼い草壁をつれて一行に加わった。乱に勝利した大海人は即位し、中央集権体制の確立に向けて強力な政策を推し進めていった。天武の死後は皇后の鸕野がただちに最高権力を掌握し、四年後の六九〇（持統四）年に即位儀を行い、全国的な戸籍（庚寅年籍《こういんねんじゃく》）に基づく人民支配を本格化させる。

六九七（文武《もんむ》元）年、持統天皇は孫の軽《かる》（文武）に位を譲る。有力な天武諸皇子が多数いるなかで、一五歳の軽への継承はすんなりいったわけではない。七～



**大田・鸕野関係略系図**

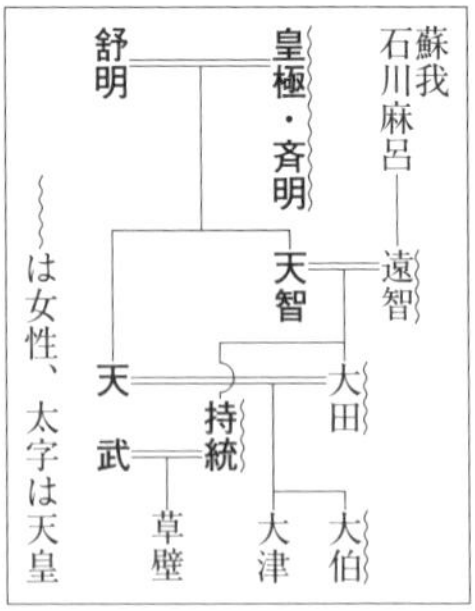


**▼西征に同行した妃たち**　六六一（斉明七）年正月、百済復興救援の軍が瀬戸内海を船出した。斉明を筆頭に、諸王子や妃たちも含む全宮廷をあげての移動だった。大田は、大伯海《おおくのうみ》（岡山県瀬戸内《せとうち》市邑《お》久《く》町）で娘を生み、大伯と名づけた。翌々年には、娜大津《なのおおつ》（福岡県博多）で大津を生む。鸕野が草壁を生んだのも同地らしい（持統即位前紀）。

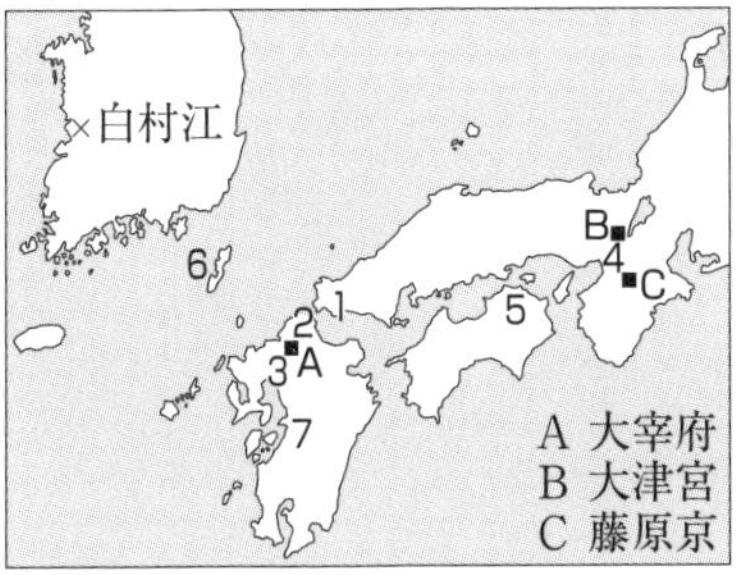


**白村江敗戦後の山城**(数字は左図に対応)

| №. | 名称 | 築城年次 | 出典 |
|---|---|---|---|
| 1 | 長門《ながと》城 | 天智4(665)年8月 | 日本書紀 |
| 2 | 大野《おおの》城 | 同　上 | 同上 |
| 3 | 基肄《きい》城 | 同　上 | 同上 |
| 4 | 高安《たかやす》城 | 天智6(667)年11月 | 同上 |
| 5 | 屋島《やしま》城 | 同　上 | 同上 |
| 6 | 金田《かねだ》城 | 同　上 | 同上 |
| 7 | 鞠智《きくち》城 | 文武2(698)年5月(修理) | 続日本紀 |



八世紀は王位継承方式の転換期である。仏教も祭祀《さいし》も神話《しんわ》も、王権正当化のイデオロギーとしてこの時期に体系化の模索が重ねられていった。持統は最初の太上《だいじょう》天皇として文武とならんで国政を担い、大宝律令完成の翌年、七〇二(大宝二)年十二月に五八歳で没する。天智の末年以来とだえていた遣唐使《けんとうし》の発遣は同年六月である。

壬申の乱についてかつては、中央集権的政策への豪族層の反動か否かといった国内政治の観点からの議論が多かったが、一九七〇年代以降は、東アジア国際関係のなかで日本の古代国家形成を考えるという大きな流れのなかで、考察が深められてきた。また、古代王権論においても、父系世襲王権を自明の前提とせず、その歴史的形成過程のなかで乱および天武・持統朝の意義がとらえなおされている。とくに持統を含む女帝については、一九九〇年代以降の研究の進展によって、「妻」「母」としての立場に焦点をすえた旧来の見方は克服されつつある。遺跡の発掘と大量の木簡《もっかん》の出土も、この時期の研究の進展に多くの新知見をもたらした。本書では、こうした新しい研究動向と最新の成果に注意を払いつつ、激動期に生きた二人を、時代のなかに位置づけてみていきたい。

敏達系王統略系図

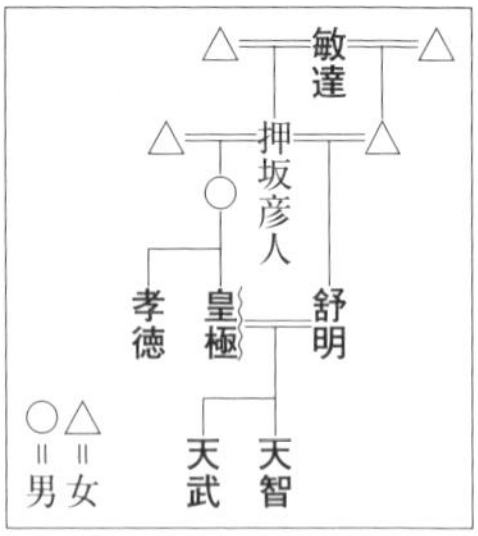


欽明諸子による世襲略系図

# ①—壬申の乱と軍国体制

## 大海人の立場

大海人《おおあま》は、舒明《じょめい》天皇を父、皇極《こうぎょく》（斉明《さいめい》）天皇を母とし、天智《てんじ》天皇および間人《はしひと》（孝徳《こうとく》天皇の皇后）の同母弟という、七世紀後半の当時においてかぎりなく尊貴な血統的位置にあった。舒明は敏達《びだつ》の子である押坂彦人《おしさかひこひと》の子、皇極は孫だから、天智・天武の兄弟は敏達系の天皇ということになる。倭国《わこく》で世襲王権が成立するのは、六世紀の継体《けいたい》・欽明《きんめい》以降である。欽明の子の世代である敏達・用明《ようめい》・崇峻《すしゅん》・推古《すいこ》は、順に王位に即《つ》いたが、このなかで長子である敏達だけが蘇我《そが》氏を母としない、いわゆる非蘇我系の大王である。ただし、乙巳《いっし》の変《へん》（六四五年）で蘇我氏本宗《ほんそう》の蝦夷《えみし》・入鹿《いるか》親子が滅びたのちも、倭王権内部での蘇我氏の重みが失われたわけではない。

蝦夷の弟倉麻呂《くらまろ》の系統の蘇我氏は、孝徳〜天智朝にも朝廷《ちょうてい》の重要な地位にあった。天智は蘇我赤兄《あかえ》の娘と石川麻呂《いしかわまろ》の娘二人をキサキとし、天武も赤兄の別の娘と、石川麻呂の孫（天智皇女）二人をキサキとした（六ページ系図参照）。持統はその一人である。天武はのちに、自分の息子たちのなかでもおもだった高市《たけち》・草壁《くさかべ》・大津《おおつ》の三人には、それぞれ蘇我系の母をもつ天智皇女をめあわせている。父方だけではなく母方の血統も重んじられた当時において、大王《おおきみ》・蘇我氏と何重もの血縁的つながりをもつ大海人は、それまでの伝統的観念に従えば、豪族《ごうぞく》たちの支持をえられる天智後継者として、疑いもなく最短の位置にいた。

六六四(天智三)年二月、「大皇弟」大海人は、あらたな冠位二十六階《かんいにじゅうろっかい》▲の施行と氏上《うじのかみ》・民部《かきべ》・家部《やかべ》▲を定める重要な氏族《しぞく》政策を宣した。白村江《はくそんこう》敗戦の半年後のことである。大海人を東宮《とうぐう》だったとする『日本書紀』天武紀の記事には疑問もあるが、兄天智を補佐する重要な役割を果たしていたことはまちがいない。大海人の生年ははっきりしないが、中大兄《なかのおおえ》が六二六(推古三十四)年の生まれなので、大海人は六三一(舒明三)年ごろに生まれ、六八六(朱鳥《あかみとり》元)年に五六歳でなくなったとの通説に従っておく。とすれば、六六四年には三〇代前半の働き盛りである。重要政策を率先遂行するにふさわしい力量と経験の持ち主といえよう。

ところが、天智紀十(六七一)年正月二日には、大友《おおとも》を太政大臣《おおきまつりごとのおおまえつきみ》、蘇我赤兄を左大臣《ひだりのおおまえつきみ》、中臣金《なかとみのかね》を右大臣《みぎのおおまえつきみ》、蘇我果安《はたやす》・巨勢人《こせのひと》・紀大人《きのうし》を御史大夫《ぎょしたいふ》

▼**冠位二十六階**　六四九(大化《たいか》五)年の制を受け継ぎ、その大花《だいか》(のちの令制四位《りょうせいしい》)以下をより細かく分けて、中・下級官人の序列化を進めた(六〜七ページ「冠位・位階制の変遷」参照)。天智十(六七一)年正月条の冠位記事は重出か。

▼**氏上・民部・家部**　豪族を大《おおき》氏《うじ》・小氏《ちいさきうじ》・伴造《とものみやつこ》などの三ランクに分け、それぞれ、氏上に大刀《たち》、小刀《かたな》、干楯《たて》・弓矢をあたえた。氏上(族長)を公的に定めて登録し、氏の範囲を明確化する一連の政策が、以後、八世紀まで続く。民部は、諸氏の保有する部民の範囲を認定したもので、六七五(天武四)年に廃される「甲子年《かっしのとし》(六六四年)に諸氏に給われる部曲《かきべ》」に相当する。家部はのちの氏賤《しせん》(氏所有の家人奴婢)にあたるか。

### 天智・天武天皇と蘇我系キサキ略系図

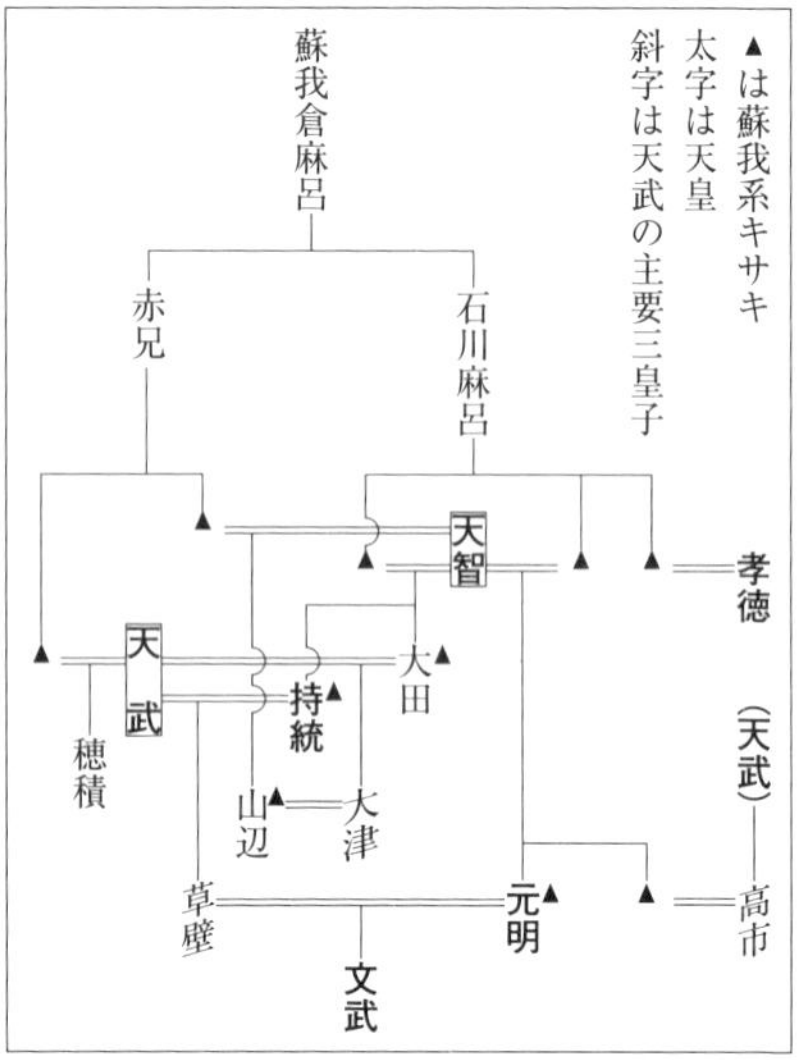


### 冠位・位階制の変遷(『日本古典文学大系　日本書紀』下より。西暦加筆)

|  |  |
|---|---|
| 推古十一年(六〇三) | 大徳　小徳　大仁　小仁　大礼　小礼 |
| 大化三年(六四七) | 大織　小織　大繡　小繡　大紫　小紫　大錦　小錦　大青 |
| 大化五年(六四九) | 大織　小織　大繡　小繡　大紫　小紫　大花上　大花下　小花上　小花下　大山上　大山下 |
| 天智三年(六六四) | 大織　小織　大縫　小縫　大紫　小紫　大錦上　大錦中　大錦下　小錦上　小錦中　小錦下　大山上　大山中　大山下 |
| 天武十四年(六八五) | 明 ／ 正：大壱　広壱　大弐　広弐　大参　広参　大肆　広肆<br>浄 ／ 直：大壱　広壱　大弐　広弐　大参　広参　大肆　広肆<br>勤：大壱　広壱　大弐　広弐　大参　広参　大肆　広肆 |
| | 一品：正一位　従一位<br>二品：正二位　従二位<br>三品：正三位　従三位<br>四品：正四位上　正四位下　従四位上　従四位下<br>正五位上　正五位下　従五位上　従五位下<br>正六位上　正六位下　従六位上　従六位下 |

## 白村江敗戦後の対唐・新羅関係

| | | |
|---|---|---|
| 664 | 天智3年5月 | 百済鎮将劉仁願，郭務悰らを派遣(入京させず〔善隣国宝記〕) |
| 665 | 天智4年9月 | 唐，劉徳高らを派遣 |
| | この年 | 守大石・境部石積らを唐に |
| 665 | (麟徳2年) | 倭国使ら，高宗の封禅に参会〔旧唐書劉仁軌伝〕 |
| 667 | 天智6年11月 | 劉仁願，境部石積らを筑紫に送らせる |
| 668 | 天智7年9月 | 新羅，進調(以後，連年) |
| | 10月 | 高句麗滅亡 |
| 669 | この年 | 河内鯨らを唐に(以後，30年余途絶) |
| 670 | (咸亨元年) | 日本の使，高麗平定を賀す〔新唐書日本伝〕 |
| 671 | 天智10年1月 | 劉仁願，李守真らを派遣 |
| | 11月 | 唐国の使人郭務悰ら，2000人で来日 |
| | 12月 | 天智死す(翌年6月壬申の乱) |



| | | | |
|---|---|---|---|
| | 小智　大智 | 小義　大義 | 小信　大信 |
| 立身　初位　建武 | 小黒　大黒 | | 小青 |
| 立身 | 小乙<br>下　上　下　上<br>大乙 | | 小山<br>下　上 |
| 小建　大建 | 小乙<br>下　中　上<br>大乙<br>下　中　上 | | 小山<br>下　中　上 |
| 進<br>広大肆　広大参　広大弐　広大壱 | 追<br>広大肆　広大参　広大弐　広大壱 | | 務<br>広大肆　広大参　広大弐　広大壱 |
| 少　大<br>初位<br>下　上　下　上 | 従　正<br>八位<br>下　上　下　上 | | 従　正<br>七位<br>下　上　下　上 |

（のちの大納言《だいなごん》相当）としたとする。同月六日条には、「東宮太皇弟《ひつぎのみこ》」が冠位・法《はっ》度《と》のことを施行したと記すが、大友皇子が宣したともいう。この辺りの『日本《にほん》書紀《しょき》』の記事は真偽の判断がむずかしいが、晩年の天智は、弟の大海人ではなく息子の大友を政治の中核にすえようとしていたらしい。

このとき大友は二四歳、母は伊賀《いが》出身の采女《うねめ》▲である。六〜七世紀の大王は、王族か蘇我氏の娘を母とし、三〇〜四〇代以上の壮年で即位し（仁藤二〇〇六）、兄弟継承ないしは同世代内継承が基本だった（大平一九八六）。そうした現実を踏まえれば、天智が大友を後継者に望んでいたとしても、実現には多くの困難が予想された。第一の障害は、大海人の存在である。そのころ、宮廷《きゅうてい》の宴会の席で大海人が長槍で敷板を刺し貫き、怒った天智を中臣鎌足《かまたり》が諫《いさ》めて事なきをえた、という（『家伝《かでん》▲』上）。ここからは、緊張をはらんだ宮廷の雰囲気と、大海人の鬱屈《うっくつ》した思いが伝わってくる。この翌年、大海人は武力闘争に勝利し、敗れた大友は二五歳の若さで短い一生をおえることになる。

大友を「太政大臣」とした年の十月、重病の天智は弟大海人を召し、あとを託そうとした。しかし大海人は病身を理由に辞退し、天智皇后の倭姫《やまとひめ》（父は古人《ふるひとの》

**▼采女**　大王や有力王族の宮に出仕した豪族女性。天武期に畿内氏族出身の氏女の制ができ、采女は地方豪族出身者に限られるようになる。キサキ制度の未整備な令制前には、采女が大王の子を生む例は、大友も含めて珍しくはない。八世紀には、女官《にょかん》として高い地位に達する采女もいた。

**▼家伝**　諸氏が朝廷に差しだした自家の伝記。藤原氏《ふじわらし》のものがもっとも著名で、鎌足（大織冠《たいしょくかん》）伝と武智麻呂伝《むちまろでん》が『家伝』上下として伝わり、上巻末に貞慧《じょうえ》（不比等の子）伝を付す。ほかに不比等（史）伝もあったらしい。奈良時代後半七六〇（天平宝字《てんぴょうほうじ》四）年ごろの成立。上巻は仲麻呂《なかまろ》（武智麻呂の子）の撰になる。『日本書紀』にみられない独自記事を含む。

大兄《おおえ》▲)の即位と大友の執政を請うて、その日のうちに内裏《だいり》仏殿で出家《しゅっけ》し、二日後には天智の許可をえて吉野《よしの》に退去した。六〜七世紀の王位継承は、世襲とはいえ明確な継承ルールはない。有力候補者のなかから、血統・年齢・資質などで豪族たちの支持をえた者が即位するシステムだった。条件を満たせば、年少男性より年長女性が優先される。推古の遺詔による継承者示唆〜皇極の生前譲位と、七世紀には先帝意志による継承者選定への傾斜がしだいに強まるが(七三ページ参照)、采女を母とし年齢も経験も未熟な大友に、豪族たちの支持がえられる見込みは乏しい。大海人自身に身を引かせることが第一の策である。

天智の意を察した大海人は、辞退〜出家によって当面の危機を回避した。しかし、事態は切迫していた。かつて六四五(大化元)年の蘇我本宗滅亡(乙巳の変)の際に、中大兄(天智)の異母兄古人大兄は、変の二日後に飛鳥寺《あすかでら》で出家し吉野に向かったが、半年後には「謀反《むほん》」として殺された。今回、大海人は即日に内裏内で出家し、吉野に逃れた。しかし、古人大兄の例をみれば、無策ではいられない。ある人が「虎に翼を着けて放てり」といった、と『書紀』は記す。

▼**古人大兄**　舒明の子。母は蘇我馬子《うまこ》の娘、法提郎媛《ほほてのいらつめ》。『書紀』によれば、乙巳の変(六四五年六月)で蘇我蝦夷・入鹿父子が滅びたあと、年長のゆえをもって軽(孝徳)に即位を勧められるが固く辞退し、吉野に隠遁。しかし謀反の密告を受け、同年十一月に中大兄の派遣した兵により討たれたという。

**古人大兄の系譜的位置図**

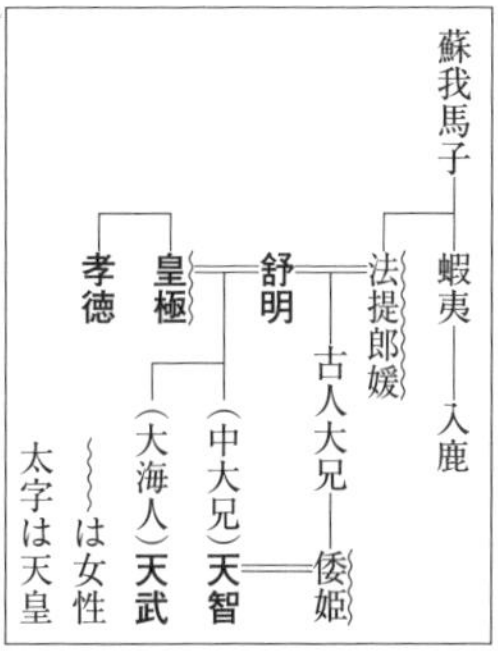

## 壬申の乱

天智の病は重く、大友は、左大臣蘇我赤兄・右大臣中臣金・蘇我果安・巨勢人・紀大人の五人の重臣とともに、内裏の「織仏像《おりもののほとけのみかた》」の前で心を一つにすることを誓った。大海人が吉野に去って約一カ月後のことである。十二月三日に天智は近江大津宮《おうみのおおつのみや》でなくなった。『書紀』は、「み吉野の　吉野の鮎《あゆ》　鮎こそは　島傍《しまへ》も良《え》き　え苦しゑ　水葱《なぎ》の下《もと》　芹《せり》の下　吾《あれ》は苦しゑ」（吉野の鮎は島のほとりにいるのもよかろうが、私は、水葱や芹のもとにいて苦しい）という童謡《わざうた》を伝える。「吉野の鮎」にたとえて大海人の苦しい状況を諷したものらしい。

そのころ、朝鮮半島では唐《とう》と新羅《しらぎ》が対立を強めていた。唐と新羅の連合軍は六六〇年に百済《くだら》（四世紀半ば～六六〇）、六六八年に高句麗《こうくり》（？～六六八）を滅ぼす。しかしその直後から両者は朝鮮半島の支配をめぐって争い、六七〇年には旧百済領の大半が新羅の手に落ちて、唐は朝鮮半島における拠点を失う危機に直面する。天智の死の直前の六七一年十一月、唐使郭務悰《かくむそう》は、百済からの避難民あるいは白村江での倭国捕虜などを含むと思われる総勢二〇〇〇人で来日した（七ページ「白村江敗戦後の対唐・新羅関係」参照）。使者派遣の目的は明らかではな

**▼人夫と兵士**　人夫とは、さまざまな力役（肉体労働）に動員され、調・庸を貢納する民のこと。男女名を列記して「人夫」とする例もある。律令軍制成立以前は、人夫と兵士は未分化だった。のちの天武陵造営記事によると、男女が動員されている。

**▼舎人**　天皇および上級皇族・貴族に近侍《きんじ》して雑務・護衛などにあたった従者《じゅうしゃ》。令制前から地方豪族が有力王族の王宮《おうきゅう》に出仕する制があった。大海人に仕えた舎人もその例。六七三（天武二）年の大《おお》舎人《とねり》の制によって、天皇に仕える大舎人をへて、諸官司に配属されることとなった。大宝令以降、広義のトネリは内舎人《うどねり》・大舎人・兵《ひょう》衛《え》・帳内《ちょうない》・資人《しじん》などに分化する。

**▼湯沐令**　湯《ゆ》沐《とうもく》とは、律令制下で中宮《ちゅうぐう》・東宮にあたえられた封戸《ふこ》のこと。東宮の湯沐は二〇〇〇戸で、封戸の稲を出挙《すいこ》（利付き貸付）して収入とした。ここはその前身

にあたるもので、大海人の主要な軍事的・経済的基盤の一つが美濃にあったことを示す。令はその管理責任者。

**▼不破道(関)**　近江と美濃の国境にあたる要路。のちに関が設けられた。発掘により、岐阜県不破郡関ケ原《せきがはら》町で関跡が確認された。中央を東山道が通過する。伊勢国鈴鹿《すずか》・美濃国不破・越前《えちぜん》国愛発《あらち》を三関《さんげん》と総称する。いずれも宮都《きゅうと》と東国とを結ぶ要地に位置し、反乱や天皇の譲位・死亡の際には、急使を派遣して関を閉じる固関《こげん》が行われた。

**▼女孺**　下級女官。令制では、諸国から氏女《うじめ》・采女として出仕したなかから、おもに後宮十二司《こうきゅうじゅうにし》に配属され、実務を担った。キサキや親王家に奉仕する者は「女豎《にょじゅ》」と称された。長屋王家《ながやおうけ》木簡でも「女豎」の存在が知られる。ここで大海人・鸕野に随行した女孺は、その令制前の姿を示す。

いが、翌六七二年五月、甲冑《かっちゅう》弓矢のほか大量の布綿類をえて、郭務悰らは朝鮮半島に帰っていった。軍事的救援の要請に対して、近江朝廷《ちょうてい》は、武器・軍需物資の賜与で当面をやりすごしたのだろう。朝廷には百済亡命貴族《きぞく》も多く反新羅感情は強かったが、天智の死去直後、ましてや大海人との不安な対立状況をかかえて、救援の兵を送るような冒険的決断はできなかったはずである。

　同じ五月、吉野の大海人のもとに、「近江朝廷側が、天智の山陵《さんりょう》造営を口実に美濃《みの》・尾張《おわり》の国司《こくし》に命じて人夫《にんぷ》▲を集め、武器をもたせている」と、舎人《とねり》▲の朴《えの》井雄君《いのをきみ》からの知らせがあった。また、「近江京《おうみのみやこ》から倭京《やまとのみやこ》(飛鳥《あすか》)のあいだに監視が配置され、舎人たちが吉野に食料を運ぶことを妨害している」との情報もあった。これを聞いた大海人は、挙兵する。六月二十二日、村国男依《むらくにのおより》ら美濃・尾張の地方豪族出身の舎人たちに「美濃国にいって安八磨郡《あはちまのこおり》の湯沐令《ゆのうながし》▲に挙兵させ、諸国の国司にも軍をあげて不破道《ふわのみち》▲を塞《ふさ》がせよ」と命じた。壬申《じんしん》の乱《らん》の始まりである。近江にいる高市・大津を呼びよせる使者も派遣された。

　二十四日に大海人は吉野を発って東国《とうごく》に向かう。妃の鸕野、草壁・忍壁《おさかべ》の両皇子のほか、舎人が二〇人余、女孺《にょじゅ》▲が一〇人余の小さな一団であった。夜半に

**藤古川《ふじこがわ》より東岸断崖上の不破関址を臨む**(現在、不破関資料館が建つ)

伊賀国隠《いがのくになばり》(名張)郡にいたり、伊賀郡をへて、二十五日の夜明けごろには、近辺の郡司《ぐんじ》たちが兵を率いて集まってきた。高市も合流し、二十六日には大津の到着も報じられた。村国男依からは、不破道の封鎖に成功したとの吉報が届いた。二十七日に大海人は不破に向かう。鸕野は幼い草壁・大津らと桑名郡家《くわなぐうけ》にとどまった。大海人が不破郡家に着くころ、尾張国 司 守《くにのみこともちのかみ》の小子部鉏鉤《ちいさこべのさひち》が二万の兵を率いてはせ参じた。鉏鉤は、なぜか乱集結間際に自殺してしまうのだが。

「群臣を備えた近江朝廷側に対して、こちらには幼い子どもたちしかいない」となげく大海人に対して、一九歳の長子高市は、「私が諸将を率いて戦います」と勇ましく答えた。喜んだ大海人は、高市に軍事指揮の全権を委ねる。このときのことは、のちに柿本人麻呂《かきのもとのひとまろ》によって「……ちはやぶる　人を和《やわ》せと　まつろはぬ　国を治めと　皇子《みこ》ながら　任《ま》けたまへば　大御身《おおみみ》に　大刀《たち》取り佩《は》かし　大御手《おおみて》に　弓取り持たし　御軍士《みいくさ》を　あどもひたまひ……」(逆らう者どもをしずめよと高市皇子におまかせになったので、皇子は弓を手に号令なさり……)と詠《うた》われ(『万葉集《まんようしゅう》』一九九番、高市皇子挽歌《ばんか》)、乱における高市の活躍と天武の信任は、人びとの記憶に強く焼きつけられた。高市は、母が地方豪族出身▲であるゆえに

▼**高市と宗像氏《むなかた》**　高市の母は筑紫の豪族胸形《むなかたの》(宗像)君徳善《きみとくぜん》の娘、尼子娘《あまこのいらつめ》。高市が母方から分与されたと推定される奴婢《ぬひ》は、高市の子孫である高階《たかしな》氏の氏賤として九紀半ばまで筑前《ちくぜん》国宗像郡の地に存在し続けた(三一ページ頭注「氏賤」参照)。

皇位継承者にはなれなかったが、持統朝において後皇子尊《のちのみこのみこと》(八四ページ頭注参照)・太政大臣として重きをなす。

六月二十二日の挙兵に始まった乱は、美濃〜大和《やまと》〜近江と戦場を移し、七月二十二日、近江瀬田《せた》での決戦で近江方が敗走し、終った。大友は二十三日に自害し、左右大臣たちも捕われる。大友の首は、不破宮にいた大海人にささげられた。

双方の兵力の性格について、『書紀』の記述からは地方豪族出身者の活躍が目立つが、全体をとおしてみると、国司・郡司を通じての組織的動員が重要だったことがわかる。大海人が挙兵に際してまず命じたことは、舎人を派遣して彼らの地元の国司たちに挙兵させることだった。伊賀の郡司や伊勢《いせ》(あるいは美濃)の国司が国・郡の兵を率いて参集したことが、大海人方に立ち上がりの力をあたえ、不破道を確保した大海人は、改めて「東海《とうかい》」「東山《とうさん》」の軍を招集する。尾張国司守の率いた二万は、大海人方の勢いにさらに弾みをつけた。

近江方もまず、「東国」「倭京」「筑紫《つくし》」「吉備《きび》国」に使者を遣わして兵力の動員をはかる。かねてより大海人方とみられていた吉備国守《くにのかみ》は使者に殺されたが、筑紫大宰《おおみこともち》▲栗隈王《くるくまおう》は対外防備の必要を掲げて、近江朝廷からの兵力要請を拒みとおした。東国への使者は大海人方に捕えられ使命を果たせなかった。他方で、大海人方は、古京(飛鳥)の留守司《るすのつかさ》高坂王《たかさかおう》からの駅鈴《えきれい》▲入手に失敗する。高坂王は近江方につくが、飛鳥での戦闘開始で大海人方が流した「高市皇子が不破から到着した」という偽りの宣伝を聞いて、降服した。

大海人方・近江方の双方が、「国」を通じた兵の動員確保にしのぎを削り、それに成功した側が勝利をおさめたのである。とはいえ、地方行政組織はまだ整備の途上にあり、のちの律令《りつりょう》軍制のような画一的な徴兵システムはできあがっていない。しかし、白村江の敗戦後、山城《やまじろ》造営などの防備を必死で固めることと並行して、「国《くに》―評《こおり》―五十戸《さと》▲」の支配組織も形成されつつあった。形成途上の未熟な組織であるゆえに、兵力を動員するには、現場の指揮統括者(大宰・国守・湯沐令など)を心服させる人格的力(血統・経験を含めた支配者としての資質の優位性)が、決定的な意味をもつ。その力を備えていたのは、近江方の群臣や大友ではなく、大海人であり、その分身としての高市だった。その間にあって舎人たちは、いわば接着剤としての役割を果たしたのである。

▼**筑紫大宰**　大宰は、令制国司制に先立ち、筑紫・吉備などにおかれて、広域を統括した。『続日本紀』文武四(七〇〇)年六月・十月条の「竺志《つくし》／筑紫総領《そうりょう》」は筑紫大宰と同じ。

▼**駅鈴**　古代の駅制において駅《えき》馬《ま》利用の公的資格を証明する鈴。刻《きざみ》の数に応じた数の馬を利用することができた。令制では、中務《なかつかさ》省《しょう》の主鈴《しゅれい》が勅《ちょく》によって出納《すいとう》するほか、諸国にも国の大小に応じて一定数の駅鈴が配置された。

▼**「五十戸」**　令制の「里《り》」にあたる地方行政区画。六六三(天智二)年の「癸亥年山ア《きがいのとしやまべ》五十戸」(法隆《ほうりゅう》寺幡銘《じばんめい》)や六六四(同三)年以前と推定される「白髪ア《しらかべ》五十戸」(飛鳥京跡木簡)が、時期的に古い(三六ページ参照)。

## 逆賊と功臣たちのその後

乱が終結して約一カ月後の八月二十五日、近江方重臣の処罰が行われた。ここでも、大海人の命によって処罰を実行したのは高市である。かつて大友と誓盟《せいめい》を交わした重臣五人のうち、右大臣中臣金は斬られ、左大臣蘇我赤兄・大納言巨勢比等(人)とその子孫は流罪、自殺した蘇我果安の子も流罪となったが、紀大人については不明である。それ以外の近江方の群臣はすべて赦された。大友に最後まで従った物部麻呂《もののべのまろ》は、のち石上麻呂《いそのかみのまろ》として文武《もんむ》朝で大納言・右大臣を歴任し、七一七(養老《ようろう》元)年に左大臣正二位で没する。

乱によって蘇我・中臣・巨勢らの有力氏の中枢部分が倒れ、各氏族内での勢力交代や、中央有力豪族相互の地殻変動はあったが、全体としては近江朝の階層構成は天武朝にも引き継がれた。大海人が朝廷から離脱して吉野に出家隠遁《いんとん》する形をとったため、必ずしも積極的に大友支持ではないが天智の死後も近江朝廷にとどまった、という者も多かったからだろう。天智朝で形成された組織と人材をいかしつつ、旧来の実力者の半ばを欠くという状況で、天武の強力なリーダーシップのもと、山積する政策課題の推進がはかられていく。

死罪とされた八人のうち、中臣金以外の七人の名前はわからない。重臣五人のうち処罰不明の紀大人は、天武朝でも引き続き大納言の地位にあった(『公《く》卿《ぎょう》補任《ぶにん》』▲)。その子の麻呂も持統・文武に仕え、七〇五(慶雲《けいうん》二)年に大納言で没した。天武・持統朝以降に朝廷の要職にあった人びとないしその父祖について、『書紀』は処罰の具体的な記載を避けたのだろう。

一方、処罰から三カ月ほど遅れて、乱で勲功のあった者には、それぞれの功績に応じて小山位《しょうせんい》(のちの従七位《じゅしちい》相当)以上の位が授けられた。授位の対象は、一般兵士にもおよんだらしい。大海人方の重要な軍事力基盤となった美濃国の大宝《たいほう》二(七〇二)年戸籍▲には、乱の当時二〇代から三、四十代だった人びとで、位をもつ一群の人びとがいる。同時に、傷をおった障害者の数も多い。残存している同年の他の国の戸籍にはみられない特徴である。乱はこの地域に、明暗両面での痕跡を明らかに残したのである(野村一九八〇)。

大きな功績のあった豪族たちには、乱終結後も長く、功績を褒《ほ》めたたえて贈位がなされた。功封《こうふう》・功田《こうでん》の賜与もなされ、子孫に伝えられた。贈位記事は、六七三(天武二)年五月の坂本財《さかもとのたから》の死に際して「壬申の年の労」によって小紫位《しょうしい》

**▼『公卿補任』** 摂政《せっしょう》・関白《かんぱく》以下参議《さんぎ》以上および非参議従三位以上の上級官人の氏名を官職順に列記し、略歴などを付した職員録。神武《じんむ》〜持統までは代ごとに、文武以降は年ごとに記載する。十世紀半ばごろまでには成立し、その後、一八六八(明治元)年まで書き継がれた。

**▼大宝二年戸籍** 奈良の正倉院《しょうそういん》には七〇二(大宝二)年の御野《みの》(美濃)・筑前・豊前《ぶぜん》の戸籍が伝わる。御野国は、味蜂間《あはちま》・本簀《もとす》・肩県《かたがた》・各牟《かがむ》・山方《やまがた》・加毛《かも》の各郡の戸籍計一三四戸分が現存。大宝令以前の古い書式を残す。

**▼尾張大隅の功績** 「時に大隅、参り迎えて導き奉《まつ》り、私の第《てい》を掃《はら》い清めて、遂に行宮と作《な》し、軍《いくさの》

資《もと》を供え助けき」（『続日本紀《しょくにほんぎ》』天平宝字元〈七五七〉年十二月壬子《じんし》条）。

▼**功封伝世基準の改定**　壬申年功臣一五人の食封《じきふ》が、「令により四分の一を子に伝るべし」とされた（『続日本紀』大宝元〈七〇一〉年七月壬辰《じんしん》条）。

**御野国戸籍の有位者**

| 氏　　名 | 位　階 | 年齢 | 戸　籍 |
|---|---|---|---|
| 戸主・県主族都野 | 務従七位下 | 59 | 加毛郡半布里 |
| 戸主・県主族津真利 | 追正八位下 | 60 | 同　上 |
| 戸主・不破勝族吉麻呂 | 務従七位下 | 58 | 同　上 |
| 戸主・国造族甥 | 務従七位上 | 77 | 味蜂間郡春部里 |
| 戸主伯・国造族雲方 | 務従七位下 | 57 | 同　上 |
| 戸主・国造族馬手 | 務従七位下 | 69 | 同　上 |
| 戸主・五百木部君木枝 | 追正八位上 | 61 | 山方郡三井田里 |
| 戸主弟・五百木部東人 | 追正八位上 | 55 | 同　上 |

位階は天武14年制から大宝令制への転換により，両者を組み合わせた表記となっている。三井田里の総括記載によると，「次女」(61歳以上の女性)の有位者も１人いた。

（従三位《じゅさんみ》相当）を贈ったのをはじめとして、天武・持統・文武・元明《げんめい》朝を通じて五〇例以上におよぶ。七一六（霊亀《れいき》二）年に従五位上《じゅごいじょう》を贈られた尾張大隅《おわりのおおすみ》は、生前の六九六（持統十）年に四〇町という広大な功田を賜与されている。地方豪族である大隅は、乱のときに私宅を行宮《あんぐう》として提供したのである。▲大隅は、「その功、実に重し」として曽孫にまで功田を伝えることを許された。

　ところが、『書紀』の壬申の乱の記述には大隅は登場しない。ほかにも、壬申紀に活躍が記載されない「功臣」は少なくない。七〇一（大宝元）年に、天武のときの壬申功封賜与者一五人について伝世基準の改定があったが、▲そのうち当麻《たいまの》国見《くにみ》・大伴御行《おおとものみゆき》・阿倍御主人《あべのみうし》の三人は、壬申紀には名前がみえない。彼らはいずれも天武・持統朝の重臣である。当り前のことだが、『書紀』に乱の記録が網羅されているわけではない。天武〜元明朝、場合によっては孝謙《こうけん》朝にいたるまで、その時々の政権中枢の必要に応じて、贈位・功田功封賜与・伝世基準改定といった機会ごとに、壬申の乱の功績はことあげされた。現実に乱の覇者だった天武はもちろん、持統をはじめその後継の天皇たちにとっても、みずからの地位の正当性を示し、宮廷社会における求心力を維持するうえで、乱の記憶を呼び覚ますことは不可欠だったのである(七九ページ参照)。

## 政要は軍事なり

壬申の乱のあいだにも、朝鮮半島の支配権をめぐる新羅と唐の争いは続いていた。当時、唐は西の吐蕃《とばん》▲との戦いに苦戦しており、新羅はそうした情勢をいかして朝鮮統一戦争を推し進めたのである。六六八(天智七)年以降、新羅は連年のように「朝貢《ちょうこう》」して倭への接近をはかった。六六三(天智二)年の白村江敗戦後、唐と新羅の連合軍による倭国侵攻は、倭の支配層にとって現実の差し迫った大きな脅威だったが、両者の対立によって、とりあえず様子見をするだけのゆとりが生まれたのである。とはいえ、事態は予断を許さない。友好的にみえる通交の蔭で、統一新羅は依然として手強い「仮想敵国」であり、唐への恐れが去ったわけでもなかった。

隋《ずい》▲が中国を統一した五八九年以降、激動の東アジア情勢のもと、倭は朝鮮三国および隋～唐との関わりを模索しつつ、中央集権の国家体制づくりに腐心してきた。支配層のあいだには親百済／親新羅／親唐とさまざまな路線の違いが

**功臣15人の食封**

| | |
|---|---|
| 120戸 | 村国子依《むらくにのおより》 |
| 100戸 | 当麻公国見《たいまのきみくにみ》・郡犬養連大侶《あがたいぬかいのむらじおおとも》・榎井連小君《えのいのむらじおきみ》・書直知徳《ふみのあたいちとこ》・書首尼麻呂《ふみのおびとねまろ》・黄文造大伴《きふみのみやつこおおとも》・大伴連馬来田《おおとものむらじまくた》・大伴連御行《みゆき》・阿倍普勢臣御主人《あべのふせのおみみうし》・神麻加牟陀君児首《みわのまかむだのきみこおびと》 |
| 80戸 | 若桜部臣五百瀬《わかさくらべのおみいおせ》・佐伯連大目《さえきのむらじおおめ》・牟宜都君比呂《むげつのきみひろ》・和尓部君手《わにべのきみて》 |

▼**吐蕃**　七～九世紀にかけて現在のチベットの地にあった強大な王国。時には公主との婚姻、和平を挟みながら、唐と激しい抗争を繰り返した。

▼**隋**　五八一～六一八年。魏晋《ぎしん》南北朝のあと、約三〇〇年ぶりに中国を統一。第二代煬帝《ようだい》のときに、高句麗遠征の失敗、あいつぐ反乱により滅亡。

あり、時に応じての揺らぎもあったが、事態を冷静に見極める強力なリーダーが求められていたことだけはまちがいない。この要請に応えたのが、大海人だった。

乱終結後の九月、大海人は父舒明と母皇極／斉明の宮だった飛鳥岡本宮《あすかおかもとのみや》にはいり、翌六七三(天武二)年二月に即位した。天武天皇である。閏《うるう》六月に新羅使が耽羅《たんら》(済州島《さいしゅうとう》)の朝貢使とともに筑紫にいたり、先皇(天智)の喪《も》と天武即位の賀《が》を述べたが、天武は「新たに天下《あめのした》を平げ、初めて即位す」として、新羅の賀《が》使《し》の入京のみを認めた。兄天智の継承者としてではなく、あらたな天下平定者として即位したことを、対外的に宣言したのである。乱を武力で勝ちぬいた天武は、支配層の共通課題を担い、対外的脅威をも利用しつつ、あらたな国家体制の構築に乗りだす。その第一の課題は、強力な統一的軍制の創出だった。

六七五(天武四)年三月、栗隈王を兵政官長《つわもののつかさのかみ》に任じ、十月には諸王以下初《そ》位《い》▲以上の全官人《かんじん》に武備が命じられた。栗隈王は乱のさなか筑紫大宰の地位にあり、近江朝廷側からの出兵要請を、「筑紫国は、元《もと》より辺《ほか》賊《わざわい》の難を戍《まも》る。それ城《き》を峻《たか》くし隍《みぞ》を深くして、海に臨《のぞ》みて守らするは、あに内賊《うちのあた》の為《ため》ならんや」と

▼**初位**　六六四(天智三)年制定の冠位二十六階の小建《しょうこん》(六～七ページ「冠位・位階制の変遷」参照)。

して敢然と退けた。対外折衝の窓口となり、唐・新羅に備えることの重要性を熟知した人物を、あらたに整備される軍制の長官に任命したのである。

十月に「人毎《ひとごと》に兵《つわもの》（武器のこと）を備えよ」と命じられた初位以上の官人たちは、これにさきだって正月十七日の射礼《じゃらい》▲の行事で、弓技を披露している。射礼は以後毎年行われ、奈良《なら》・平安《へいあん》朝の年中行事《ねんじゅうぎょうじ》として定着するが、蕃客《ばんきゃく》（新羅使・渤海《ぼっかい》使《し》など）も参加する儀式だった。射礼には、天皇に対する全官人の服属と弓矢の備えのみごとさを、蕃客に示す意味があったのである。以後、六七六（天武五）年九月には京畿内《きない》の武備点検、六七九（同八）年二月には親王以下官人たちに兵・馬の貯備を命じ、六八〇（同九）年九月には「馬的《うまゆみ》」（騎乗弓技）の観閲と、矢継ぎ早に中央官人を中心とする武装化政策が進められた。そして、六八四（天武十三）年閏四月、天武は「凡《およ》そ政要《まつりごとのぬみ》は軍事《いくさ》なり」として、文官《ぶんかん》・武官《ぶかん》すべてに武技と乗馬の習練を厳しく命じた。軍国体制の宣言である。

官人武装化の他方で、一般兵士の統一軍制への編成も進められた。六八三（天武十二）年十一月、諸国に「陣法《いくさのり》」をならわせ、六八五（同十四）年九月には、畿内の「人夫」の武装点検があり、十一月には、「大角《はら》・小角《くだ》・鼓《つづみ》・吹《ふえ》・幡旗《はた》お

▼**射礼**　宮城《きゅうじょう》内に射場《ゆば》を設け、天皇の前で大的《おおまと》を射る行事。『続日本紀』霊亀《れいき》元（七一五）年正月庚子（十七日）条には「新羅使も亦《また》射の列に在り」とみえる。

**▼武器収公と部隊の装備**　大角・小角は軍事用吹奏楽器、幡旗は軍旗、弩は機械仕かけの大弓、抛は石をはじく機械である。

よび弩《おおゆみ》・抛《いしはじき》の類は、私の家に存すべからず。咸《ことごとく》に郡家《こおりのみやけ》に収めよ」との詔《みことのり》が四方《よも》の国にだされた。これらは個人用武器ではなく、部隊の装備と軍事行動の指揮にかかわるものばかりである。▲のちの養老軍防令の規定でも、私家所有を禁じ、大角・小角や鼓は軍団に備えて兵士に教習させる定めである。それまでの軍隊は、外征の場合でも豪族軍を集めて臨時に編成する要素が強く、白村江敗戦の一因もそこにあったとされる。壬申の乱では、形成されつつある地方行政組織を通じての動員がはかられたが、決め手は大海人と個々の豪族の人格的関係であり、勝敗は豪族たちの指揮能力に左右された。天武は、指揮統率用の軍備を豪族から取り上げて収公し、軍団制創出の準備を整えたのである。

　中央集権的な統一軍制のためには、全国一律の徴兵実施が欠かせない。この課題は持統朝に引き継がれ、六九〇(持統四)年の庚寅年籍《こういんねんじゃく》で実現する。前年の六月に飛鳥浄御原令《きよみはらりょう》が諸司に班賜《はんし》され、閏八月には造籍の開始が告げられた。同時に「兵士は、一国毎に、四つに分ちて其の一つを点《さだ》めて、武事を習わしめよ」との詔が諸国司にだされた。戸籍に基づき、一国の兵士を四組に分けて一組ごとに教習することを定めたもので、のちの軍団制につながる動きを示す。

壬申の乱における大海人挙兵のきっかけとなったのは、〝天智陵《りょう》造営のために動員された「人夫」が武器をもたされている〞という、近江朝廷方の戦闘態勢準備を示す情報だった。六八五年の段階でも、畿内「人夫」の武備点検が行われている。徭役《ようえき》労働に動員される「人夫」と「兵士」の分化は、浄御原令にいたってようやく実現したのである。

## 神風の伊勢

壬申の乱のさなか、大海人は「朝明郡《あさけのこおり》の迹太川《とほかわ》の辺《ほとり》▲」で「天照大神《あまてらすおおみかみ》を望拝」した。吉野をわずかな人数で脱出した翌日、三重《みえ》の郡家《こおりのやけ》にたどりつき、ようやく寒さに震える身体をあたためることができた、その翌朝、六月二十六日の早朝のことである。このときに伊勢神宮がどのような形で存在していたのか、天照を皇祖神《こうそしん》とする神話《しんわ》体系がどの程度できあがっていたのかは、よくわからない。ただし、伊勢神宮も、天照を主宰神《しゅさいしん》とする天孫降臨《てんそんこうりん》神話も、乱のあとの天武・持統朝には確立する。乱における大海人の行路と「天照望拝」、結果としての勝利は、その大きなきっかけになったのである。

**久留倍《くるべ》官衙《かんが》遺跡**　朝明川(手前)の南岸高台上に位置する。

▼**朝明郡家址**　四日市《よっかいち》市の朝明川下流南岸高台上に位置する久留倍遺跡が、奈良時代の朝明郡家にあたる。東を正面とする掘立柱建物群が発掘で確認された。「迹太川」は朝明川のことか。伊勢神宮背後の朝熊山《あさまやま》をはるかに望む地である。

翌二十七日、高市に軍事指揮を委ね野上行宮《のがみのかりみや》▲に拠点を定めた大海人は、激しい雷雨のなかで、「天神地祇《あまつかみくにつかみ》、朕《われ》を扶《たす》けたまわば、雷《かみ》なり雨ふること息《や》めん」と祈った。すると即座に雷雨は止んだと、『日本書紀』は記す。『万葉集』一一九番の高市皇子挽歌で、柿本人麻呂はこのときのことを、「(戦のさなかに)度会《わたらい》の斎宮《いつきのみや》ゆ　神風《かむかぜ》に　い吹き惑《まど》わし　天雲《あまくも》を　日の目もみせず　常闇《とこやみ》に　覆《おお》いたまいて　定めてし　瑞穂《みずほ》の国を……」(度会の神宮から神風が吹いて、敵を混乱させ真っ暗闇にして、天下を鎮定《ちんてい》した)と詠《うた》い上げている。神々をも動かす優れた司祭《しさい》王《おう》としての姿を人びとの記憶にとどめた大海人は、即位後、軍国体制の整備と並行して、伊勢神宮を頂点とする国家的神祇祭祀《じんぎさいし》の整備に着手する。

六七三(天武二)年四月、天武の娘大来《おおく》(大伯)は、天照太神宮《あまてらすおおみかみのみや》に侍すために泊瀬の斎宮《いつきのみや》にはいり、六七四(同三)年十月、潔斎《けっさい》をおえて伊勢神宮に向かった。未婚の皇女/女王を斎王《いつきのみこ》として奉仕させる制度は、平安京の初期に賀茂《かもの》大神《おおかみ》への斎王派遣が加わるまで、伊勢大神だけが対象だった。『日本書紀』▲は、はるか昔の崇神《すじん》・垂仁《すいにん》のころに伊勢神宮の創建と斎王の始まりを記すが、斎王派遣がほぼ恒例化するのは大伯以後である。東方に海を望む伊勢の地は、朝廷

**▼野上行宮**　一六ページ頭注「尾張大隅の功績」の、大隅の提供した「私第」にあたる。岐阜県不破郡関ヶ原町に野上行宮伝承地がある。

**▼伊勢神宮と斎王の起源伝承**
(崇神《すじん》六年)「是《これ》より先に、天照大神・倭大国魂《やまとのおおくにたま》、二《ふたはしら》の神を、天皇《すめらみこと》の大殿《みあらか》の内に並祭《いわいまつ》る。……天照大神を以《も》ては、豊鍬入姫命《とよすきいりびめのみこと》に託《つ》けまつりて、倭の笠縫邑《かさぬいのむら》に祭る」、(垂仁二十五年三月)「天照大神を豊耜入姫命《とよすき》より離ちまつりて、倭姫命に託けたまう。……大神の教《おしえ》の随《まにま》に、其の祠《やしろ》を伊勢国に立てたまう。因《よ》りて斎宮《いわいのみや》を五十鈴《いすず》の川《かわの》上《ほとり》に興《た》つ」。

の東国経営の拠点であり、古くからの太陽神信仰もあったが、その神が他の神々と異なる唯一特別の最高神と位置づけられるのは、天武朝以降とみるべきだろう。

天皇の即位後行われる一世に一度の大嘗《おおにえ》《おおなめ》も、天武のころに制度化された。天皇みずから新穀と酒を神に供え、神と共食する神事《しんじ》である。六七三年二月に飛鳥浄御原宮で即位した天武は、同年十二月に、播磨《はりま》と丹波《たんば》の二国を神饌《しんせん》のための稲を差しだす国に定めて、大嘗を行う。六七六（天武五）年九月にも、尾張国山田《やまだ》郡と但馬《たじま》国訶沙《かさ》郡の二郡を▲ユキ・スキに卜定《ぼくじょう》して、新嘗《にいなめ》が行われた。そもそも新嘗は、「誰《たれ》そこの　屋《や》の戸押《とお》そぶる　新嘗に　我が背《せ》を遣《や》りて　斎《いわ》うこの戸を」という『万葉集』三四六〇番の東歌《あずまうた》にもうかがえるように、民間でも広く行われていた。それを、二つの国郡で天下諸国からの新穀奉献を代表させ、服属儀礼としての意味をもつ国家的祭祀に編成したのである。のちの令制では二国郡を卜定するのは一世一度の大嘗だけで、毎年の新嘗の神饌は官田の収穫稲をあてる定めである。天武の段階では、大嘗と新嘗の区別はまだ不明確で、大嘗も即位儀礼としての位置付けにはなりきっていなかったのだろう。六七三

▼**ユキ・スキ**　大嘗の神饌をだす斎田《さいでん》をユキ田・スキ田という。斎田を設定する国郡は亀卜《きぼく》によって定められた。百姓《ひゃくせい》の田を選定し、百姓男女が国郡司に率いられて上京し、脱穀～造酒を含む一連の作業に奉仕する。八紀末以降は、東国からユキ、西国《さいごく》からスキの郡が選ばれる慣例となった。ユキ・スキの語源は諸説あり、不明。

**▼刀禰男女**　刀禰は在地の有力者。朝廷に奉仕する者の総称でもあった。律令制下では、男性官人を刀禰、女性の宮人《くにん》を姫刀禰《ひめとね》と称した。

**倭の六御県と広瀬社・龍田社**（丸数字は本文の県名に対応）

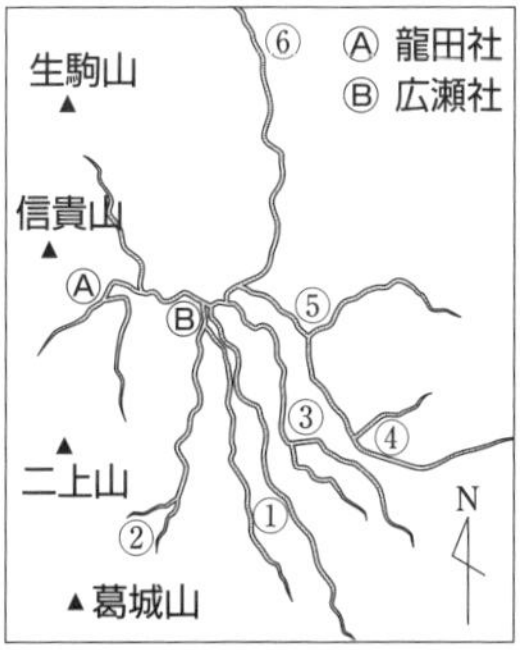


年の大嘗記事に「大嘗に供奉《ぐふ》する中臣《なかとみ》・忌部《いんべ》および神官人等《かんつかさのひとら》」、六七六年の新嘗に「神官奏して曰く」とあるように、のちの神祇官《じんぎかん》につながる「神官」の成立もこのころらしい。

律令制祭祀の形成を考えるうえでは、六七五（天武四）年成立の広瀬《ひろせ》・龍田祭が重要である。同年四月に王・臣を派遣して、風神《かぜのかみ》を龍田の立野《たつの》に、大忌神《おおいみのかみ》を広瀬の河曲《かわわ》にまつらせた。以後、例年行われ、のちの神祇令では孟夏《もうか》四月と孟秋《もうしゅう》七月の祭として定着する。祝詞《のりと》に「山々の口より、さくなだりに下し賜う水を、甘き水と受けて、天《あめ》の下《した》の公民《おおみたから》の取り作れる奥《おき》つ御歳《みとし》を、悪《あ》しき風・荒き水にあわせ賜わず」とあるように、川の水が天下公民の田を潤し、風水の害なく豊かな収穫（御歳《みとし》）をもたらすよう、山のふもと、川の合流点、風の通り道の神々に祈る祭りである。両祭には、「倭《やまと》の国の六つの御県《みあがた》の刀禰男女《とねだんじょ》」が参集した。六御県（①高市《たけち》・②葛木《かずらき》〈葛城〉・③十市《とおち》・④志貴《しき》・⑤山辺《やまのべ》・⑥曾布《そう》〈添〉）は、大和国内におかれた古くからの直轄地である。それらの地を管轄する刀禰男女▲を集め、王・臣を派遣して、「天下公民」のための収穫祈願の祭りが、天皇の名によってなされたのである（佐々田二〇〇二）。

新嘗にさきだって神々に新穀を供える相嘗《あいなめ》（相新嘗《あいにえ》）は、天武五年十月が初見である。成立期の相嘗の対象社は大和南部から紀伊《きい》を中心とし、大倭忌寸《おおやまとのいみき》がまつる大倭社《おおやまとしゃ》以下、壬申の乱で大海人方の勝利に貢献した氏族の奉祭神を多く含むことが指摘されている。古くからの直轄地の神々、天武にとってゆかりのある諸氏族の神々を核に、天皇が天下公民のために豊作祈願をする祭祀がつくりだされていったのである。のちの令制では、春二月の耕作開始にあたって、神祇官に参集した全国の神々（『延喜式《えんぎしき》』▲では三一三二座）の祝部《はふりべ》に幣帛《へいはく》を班《わか》つ祈年祭《としごいのまつり》の体系が整う。伊勢神宮は別格で、勅使を派遣して奉幣《ほうへい》がなされた。

神饌の新穀（とそれからつくった酒）にあわせて幣帛として神に供えられるものは、糸・布・鰒《あわび》・海藻など、調《ちょう》・庸《よう》として民衆が貢納した品々が中心である。公民による天皇への貢納体制の成立と、天皇による神々への班幣《はんぺい》・奉幣システムの整備は、神へのタテマツリモノとして、思想的にも実体的にも密接に関連づけられていたのである（大津一九九九）。

▼**『延喜式』**　古代の法令集。九二七（延長《えんちょう》五）年撰進、九六七（康保《こうほう》四）年施行。全五〇巻。巻九・十は神名帳《じんみょうちょう》と称され、ここに列記された神社は、後世、式内社《しきないしゃ》として重視された。

# ②律令編纂と支配体制

## 近江令から大宝律令まで

白村江《はくそんこう》の敗戦以降、中央集権国家の建設をめざす動きは急速に進んだ。その指標の一つに、国家支配の骨格を定めた体系的法典である律令《りつりょう》の編纂がある。律令編纂史は、〝近江《おうみ》令《りょう》→飛鳥《あすか》浄御原《きよみはら》令《りょう》→大宝《たいほう》律令→養老《ようろう》律令〟とたどることができるが、近江令については、存在説と否定説が対立してきた。近江令存在説に立てば、天智《てんじ》朝から天武・持統朝の連続性が強調され、否定説に立てば、天武・持統朝の律令国家建設における画期性がきわだつことになる。

『日本書紀《にほんしょき》』には、近江令の編纂を明記する記事はない。(1)天智十(六七一)年正月甲辰《こうしん》条に▲「冠位《かんい》・法度《はっと》の事を施行す。天下に大赦《たいしゃ》す。法度・冠位の名は、具《つぶさ》に新しき律令に載せたり」とあり、存在説では、ここの割注(小字)部分にみえる「新律令」を近江令とみるのである。しかし、律と令が揃うのは大宝段階なので、この割注は後世のものとみるべきだろう。

近江令の編纂を明記する基本史料は、(2)『大織冠伝《たいしょくかんでん》』▲天智七(六六八)年九月

▼**記事の重出**　天智は称制《しょうせい》(正式に即位せずに執政すること)七年(ないし六年)ののちに即位したが、『日本書紀』には称制元年からと即位元年からの両種の数え方が混在し、同一の事柄の重出もある。ここの冠位記事についても、天智三(六六四)年二月丁亥《ていがい》条の冠位改定記事との重出が疑われる(五ページ頭注「冠位二十六階」参照)。

▼**『大織冠伝』**　八ページ頭注「家伝」参照。

の「大臣(中臣鎌足《なかとみのかまたり》)に礼儀を撰述しむ。律令を刊定《かんてい》し……」と、(3)「弘仁格式《こうにんきゃくしき》序《じょ》▲」の「降《くだ》りて天智天皇元年▲に至りて、令廿二《にじゅうに》巻を制す。世人《せじん》のいわゆる近江朝廷《ちょうてい》の令なり。爰《ここ》に文武《もんむ》天皇大宝元年に逮《およ》び、贈太政大臣正一位藤原朝臣《ぞうだじょうだいじんしょういちいふじわらのあそん》不比等《ふひと》、勅《ちょく》を奉《うけたまわ》りて、律六巻・令十一巻を撰す」の二つである。(2)は(1)と同様に「律令」と記すことが不審であり、(3)は浄御原令の存在にふれないところに不自然さがある。(2)と(3)はいずれも、鎌足・不比等の顕彰および天智称揚の意図にそう後世史料であることが注意される。

浄御原令については、(4)『日本書紀』天武十(六八一)年二月に「天皇・皇后、共に大極殿《だいごくでん》に居《おわ》して、親王・諸王及び諸臣を喚《め》して、詔《みことのり》して曰く、『朕《われ》、今より更に律令を定め、法式を改めんと欲《おも》う……』」と編纂開始を命じる記事があり、その後、持統三(六八九)年六月庚戌《こうじゅつ》条に「諸司に令一部二十二巻班《わか》ち賜う」との施行記事がある。天皇と皇后(のちの持統)が揃って「大極殿」に出御《しゅつぎょ》して法典編纂を命じるのは、異例である。それだけの意気込みを示したものの、実際には持統の代にいたって令だけが施行され、律はまとめるにいたらなかった。

律の制定が大宝で実現したことは、(5)「弘仁刑部式《ぎょうぶしき》▲」の「大宝二年制律以後は、

▼**「弘仁格式序」**　『類聚三代《るいじゅうさんだい》格《きゃく》』の冒頭に、「格式序」として載せる。憲法十七条に始まり、弘仁格式の撰上(八二〇年)までの法典編纂史を述べる。

▼**天智天皇元年**　ここの「天智元年」は即位年を元年とする数え方で、称制年を含む『大織冠伝』の「天智七年」と同じ年をさす(前ページ頭注「記事の重出」参照)。

▼**「弘仁刑部式」**　『延喜式《えんぎしき》』巻二九「刑部省」。『日本書紀』持統五(六九一)年三月癸巳《きし》条には、これと対応する詔を載せる。

▼「**威奈真人大村墓誌**」　金銅製骨蔵器《こつぞうき》の蓋《ふた》の表面に、文武朝に少納言《しょうなごん》となり、七〇七（慶雲四）年に四六歳で没した、威奈大村の墓誌三九一文字がきざまれている。

**威奈真人大村骨蔵器**　奈良県香芝《かしば》市出土。表面にきざまれた銘文中に「大宝元年律令初定」とある。

法に依《よ》り科断せよ」と、(6)慶雲《けいうん》四（七〇七）年の「威奈真人大村墓誌《いなのまひとおおむらぼし》」▲の「大宝元年を以《もっ》て律令初めて定まる」により明らかである。近江令否定説では、(1)〜(3)の史料に対する疑問と、(4)〜(6)の史料および官司《かんし》制の整備状況など（後述）を重視して、天智朝段階では単行法令群のみで、浄御原令が最初の令編纂、大宝で律令が出揃った、とするのである（青木一九五四）。

　ところが近年、七世紀の木簡《もっかん》の出土があいつぎ、六六五（天智四）年には、「国《くに》―評《こおり》―五十戸《さと》」という令制「国―郡―里」制の前身となる地域区分は、一部にせよ成立していたとみられる（三五ページ参照）。庚午年籍《こうごねんじゃく》（六七〇年）のころには、律令制公民支配の基礎はかなりできていたことになる。その場合、〝近江令↓大宝律令〟という(3)「弘仁格式序」の律令編纂史は、（未完成の近江令を引き継ぎ完成したのが浄御原令という意味での）近江令浄御原令同一説を裏づけるものとなる。

　だが一方で、七世紀木簡の出土状況全般を見渡すと、木簡の数が急増するのは天武朝であることも、指摘されている。木簡の急増は、文書主義がゆきわたり、律令国家支配体制が全体として本格的に機能しはじめたことを示唆する。白村江敗戦（六六三年）の衝撃の大きさを考えれば、戸籍の作成による人民把握、必要に応じての地域区分の実施が急がれたことは肯《うなず》けるが、それらは単行法令によっても可能である。令の編纂は、壬申の乱以降のさまざまな国家機構の整備を踏まえて、飛鳥浄御原令としてはじめて実を結んだとみるべきだろう。

浄御原令と大宝律令の関係も、近年の韓国木簡のあいつぐ出土によって、六〜七世紀の倭国の支配制度は用語や書式も含めて朝鮮諸国の影響を強く受けていたことが、具体的に裏づけられた。さらに、一九九九(平成十一)年に中国で北宋《ほくそう》の「天聖令《てんせいれい》」▲が発見され、唐開元令《とうかいげんれい》の復原研究が進んだ結果、大宝令は唐令の枠組みをできるかぎり忠実に取り入れたことがわかってきた。つまり大宝律令は、律と令の両者がはじめて備わっただけではなく、唐律令の体系的な全面摂取がなされたという意味で、律令編纂史における画期をなすのである。▲

## 氏の再編

天武朝から持統朝の基本政策の一つに、氏《うじ》の再編・序列化がある。六七五(天武四)年二月に、「甲子《きのえね》の年に諸氏《もろもろのうじ》に給《たま》えりし部曲《かきのたみ》は、皆除《や》めよ」との詔がだされた。「甲子」＝六六四(天智三)年の二月には、大氏の氏上《うじのかみ》に大刀、小氏

▼**「天聖令」**　中国の天一閣《てんいちかく》博物館(寧波《ニンポー》)から、天聖令全三〇巻のうち一〇巻(一二篇)の写本(明代の鈔本《しょうほん》)が発見された。各篇ごとに、唐令を改変した現行法(宋令)のあとに、宋令に取り入れられなかった唐令が列挙されている。

▼**大宝律令と唐令**　大宝律令の手本とされたのは唐の永徽律令《えいきりつれい》(六五一〈永徽二〉年)である。六八四(天武十三)年十二月に新羅《しらぎ》経由で帰国した「大唐学生《がくしょう》土師宿禰《はじのすくね》甥《おい》・白猪史《しらいのふひと》宝然《ほね》」は、のちに大宝律令選定に加わっている。永徽律令はこのときに持ち帰られたのだろうか。法体系の深い理解と摂取には、その後、十数年の考究を要したのである。

の氏上に小刀、伴造などの氏上に干楯《たて》・弓矢を賜い、その民部《かきべ》・家部《やかべ》を定めた。いわゆる「甲子《かっし》の宣《せん》」である。六六四年の「民部・家部」と六七五年の「部曲」の関係については、この時期の公民化進展の理解とかかわってさまざまな説があるが、民部＝部曲で、六六四年に豪族《ごうぞく》配下の民を公的に把握し（「定」）、六七五年にいたってそれを全面的に公民化した（「除」）もの、家部は純然たる私有民で、のちの氏賤《しせん》▲に相当する、という理解でよいだろう。

「甲子の宣」では、冠位二十六階《かんいにじゅうろっかい》で中・下級官人《かんじん》のより細かい序列化を進め（五ページ頭注「冠位二十六階」参照）、あわせて官人の出身母体である氏の組織化にも着手した。天武はその方向を受け継ぎ、さらに画期的に推し進めたのである。部曲廃止にともなって、上級官人に封戸《ふこ》を賜る食封《じきふ》▲の制の整備も進められた。翌六七六（天武五）年の四月には、西国《さいごく》での封戸支給を東国に切りかえて、封主《ふうしゅ》と封戸の民の直接的関係を弱め、八月には、「親王《みこたち》より以下、小錦《しょうきん》より以上の大夫《まえつきみ》、および皇女《ひめみこ》・姫王《おおきみ》・内命婦《ひめまえつきみ》等」に食封があたえられた。小錦以上の大夫とは、のちの令制の五位以上つまり貴族にあたる。内命婦とは、同じく五位以上の上級宮人（女官）である。氏単位の出仕から官人個人の出仕への転換

▼**氏賤**　氏の所有する賤民。氏上が管理した。実例としては、高市皇子が母方の宗像《むなかた》氏から相続した氏賤が、高市の子孫である高階《たかしな》真人《まひと》氏の氏上の管理のもとに宗像の地にあり、八九三（寛平《かんぴょう》五）年にいたって、大和《やまと》の宗像社（高階《たかしな》氏の氏神《うじがみ》）近辺の公民と負担を交換する形で解放された（『類聚三代格』巻一）。平城京《へいじょうきょう》出土の漆《うるし》紙文書《がみもんじょ》にも「氏賤奴」の記載例がある。

▼**食封**　皇族や上級貴族の男女に公民の戸を一定額あたえ、調《ちょう》・庸《よう》の全部と租《そ》の半分を封主がえた。七三九（天平《てんぴょう》十一）年以降は租も全給。位に応じた品封《ほんぷう》・位封《いふう》、官職による職封《しきふう》のほか功封《こうふう》・寺封《じふう》・別勅封《べっちょくふう》などがある。養老禄令《ろくりょう》によれば、太政大臣三〇〇〇戸、左右大臣二〇〇〇戸など、上位者ほど膨大な収入となった。

が進み▲、男女官人の給禄法が整えられていく。

氏は、朝廷に仕える支配層の政治的族組織で、氏上はその統率者(族長)である。氏の組織化は五世紀の後半ごろに始まるが、氏人の範囲は明確ではなく、一人の人間が複数の氏に属することもあった。親族組織という面からみれば、氏は父系でも母系でもなく、父方・母方の双方から地位・財産を受け継ぐ双系的なものだったからである。また政治組織という面では、政治的同盟・服属関係の変化によって、擬制的同族関係の組換えがしばしばなされた(義江一九八六)。こうした氏を、官人の出身母体として明確に把握し序列化するためには、継承原則▲を定め、氏と氏人の範囲を確定し、氏上を定める必要がある。六八一(天武十)年九月に、「凡《およ》そ諸氏《うじうじ》の氏上未《いま》だ定まらざること有らば、各《おのおの》氏上を定めて、理官《おさむるつかさ》(のちの治部《じぶ》省▲)に申《の》べ送れ」、翌年十二月に、「諸氏の人等、各氏上に可《よ》き者を定めて申し送れ。亦《また》その眷属《やから》多《さわ》に在《あ》らむ者をば、分けて各氏上を定めよ。並びに官司に申せ」と、氏上の官司への登録と、大氏の細分化が命じられた。六八四(天武十三)年十月の八色姓《やくさのかばね》で、氏はあらたに序列化され、再編・分割も進んだ。七〇二(大宝二)年にも「甲子の年(六六四年)、氏上を定めし時に

▼**氏単位の出仕と官人制**　六四六(大化二)年八月癸《き》酉《ゆう》詔には、「奉仕る《つかえまつ》卿大夫《まえつきみたち》・臣・連・伴造・氏氏《うじうじ》の人等《ひとども》」に「旧《もと》の職《つかさ》を改去《す》てて、新に百官《もものつかさ》を設け、位階を著《あらわ》して、官位を以て叙《さづ》けたまわん」とある。「氏々《うじうじ》の女等《おみなら》」も「朝参《みかどまいり》」するならわしだった(『古事記』仁徳段)。

▼**父系継承原則**　大化改新後にだされた「男女の法」(『日本書紀』大化元〈六四五〉年八月五日条)で、「良民男女間の子は父に配《つ》けよ」と、父系原則が公的に定められた。以後は、氏への帰属も父系に一本化されていった。ただし「男女の法」が実際に大化改新当時にだされたか否かは不明。

▼**治部省**　治部省は、大宝・養老令制の八省の一つ。姓氏・継嗣・婚姻などをつかさどった。

載せられぬ氏の、今、姓を賜はれる者は、伊美吉《いみき》（忌寸）より以上は並びに申さしめよ」と、再度、氏上の登録が命じられている。

八色姓では、「更《また》諸《もろもろの》氏《うじ》の族姓《かばね》を改めて、八色の姓を作りて、天下の万《よろずの》姓《かばね》を混《まろか》す」として、上から真人《まひと》・朝臣《あそん》・宿禰《すくね》・忌寸《いみき》・道師《みちのし》・臣《おみ》・連《むらじ》・稲置《いなき》の八種が定められた。しかし実際にあたえられたのは上位四姓のみで、これがのちの五位以上＝中央貴族層となり、それ以外の氏は八色姓以前の雑多なカバネを保持して、のちの六位以下中・下級官人層および地方豪族層を形成した。最上位の真人をあたえられたのは、おおむね継体《けいたい》天皇（四ページ「欽明諸子による世襲略系図」参照）の後裔を称する氏である。近い世代の皇親《こうしん》氏族を上位にすえた身分秩序創出の意図がみてとれる。ちなみに天武天皇の諡《おくりな》（死後に贈られる美称）は、「天渟中原瀛真人《あまのぬなはらおきのまひと》」である。六八二（天武十一）年八月には、官人の任用・昇進に族姓を重視することを命じ、六九〇（持統四）年四月にも、官人としての業績と氏姓の大小によって冠位を授ける、とあるように、氏姓秩序の確定は、律令官人制整備の一環だった。六八五（天武十四）年正月には、それまでの冠位二十六階を四十八階（六〜七ページ「冠位・位階制の変遷」参照）にふやし、草壁《くさかべ》・大津《おおつ》・

高市《たけち》らの天武皇子をはじめ諸王も冠位制に組み込まれた。推古《すいこ》朝の冠位十二階では有力王族・豪族は授与の範囲外だったが、ここにいたり、天皇のみを唯一最高の権威とする体制が整ったのである。

六七九（天武八）年正月には、「兄姉以上の親《うから》」（男女尊属）と「氏長《うじのかみ》」（氏上）以外への拝賀《はいが》が禁じられた。「卑母《ひききいろは》」（自分よりも低い族姓出身の母）をおがむことも禁じられた。親族内の私的秩序に、公的に定めた氏姓の尊卑が持ち込まれ、子の挨拶を受けられる母の範囲が制限されたのである（大隅二〇一一）。六九七（文武元）年十二月には、「浄御原朝廷の制」による拝賀の禁礼に加えてさらに、私的拝礼を受ける範囲は「祖・兄」（男性尊属）と「氏上」のみに狭められた。

## 地方行政組織と戸籍

六八三（天武十二）年十二月に、伊勢王《いせおう》以下の王臣と「判官《まつりごとひと》・録史《ふびと》・工匠者《たくみ》等《ども》」が、諸国の国境画定に派遣された。記録・測量の実務者を含む一行は、全国を巡行して境を定めていき、作業は二年後まで続いた。『日本書紀』によれば、大化改新《たいかのかいしん》後の六四六（大化二）年八月にも、「国国の境界《さかい》を観て、或いは書《ふみ》にしるし或いは図《かたち》をかきて、持ち来りて示《み》せ奉《まつ》れ」と国境調査を命じているが、これは国造《くにのみやつこ》にそれぞれのクニ境を申告させたものだろう。六八三〜六八五(天武十二〜十四)年にかけての一連の国境画定事業によって、八世紀以降の「国《くに》—郡《こおり》—里《さと》」につながる、領域区分に基づく国が成立したとみてよい。

藤原宮《ふじわらきゅう》木簡の記載によって、飛鳥浄御原令制下の「評」が大宝令で「郡」に変わったことが確認され、同時代史料としての木簡の重要性が広く認識され、『日本書紀』の史料批判も進んだ。いわゆる郡評《ぐんぴょう》論争である。その後も飛鳥を中心に各地で七世紀木簡の出土があいつぎ、国郡里制の前身は「国—評—五十戸」であり、国造・評造《こおりのみやつこ》・五十戸造が統括していたことがわかってきた。しかし、その場合の国・評・五十戸それぞれの内部編成のあり方、国造・評造・五十戸造相互間の統属関係は、いろいろ議論があり確定できない。年紀のある木簡によると、現在のところ、六八一(天武十)年以前は「五十戸」表記で、六八三年以後に「里」がみえはじめ、▲六八八(持統二)年以降は「里」に統一されるという(市二〇一二)。六八一年は律令編纂開始、六八九(持統三)年は浄御原令二二巻が諸司に班賜された年である。六八三年からの国境画定事業と浄御原令編纂を

▼**「里」と「五十戸」** 最初の「里」表記木簡は、「癸未年《きびのとし》十一月三野《みのの》大野評《おおののこおり》阿漏里《あろのさと》」(藤原宮跡)で、癸未年は六八三(天武十二)年。最後の「五十戸」木簡は、「丁亥年《ていがいのとし》若佐《わかさの》小丹評《おにうのこおり》木津ア《きつべの》五十戸《さと》」(飛鳥池遺跡)で、丁亥年は六八七(持統元)年。

進めるなかで、「里」への転換が実現したことが知られる。

「五十戸」制をめぐって近年大きな注目を集めているのは、「乙丑年《いっちゅうのとし》」（六六五〈天智四〉）の年紀をもつ、飛鳥石神《いしがみ》遺跡▲出土の次の木簡である。

・乙丑年十二月三野国《みののくに》ム下評《むげのこおり》

・大山《おおやまの》五十戸《さ》造《とのみやつこ》ム下ア《（部）》知ツ

　　従人田ア《（部）》児安

「三野国ム下評大山五十戸」はのちの美濃国武芸《むげ》郡大山里にあたる。従来から「五十戸」にかかわる史料として知られていた「癸亥年《きがいのとし》山ア《（部）》五十戸」（法隆寺幡《ほうりゅうじばん》銘《めい》）や「白髪ア《（部）》五十戸」（飛鳥京跡出土木簡）は、山部《やまべ》・白髪部《しらかべ》といった部名から、部単位の編成とみなされ、六七五（天武四）年の部曲廃止以前のサト編成にふさわしいと考えられていた。ところが「乙丑年」木簡によれば、部名ではなく普通の地名の「五十戸」が、庚午年籍（六七〇年）以前に存在したことになる。「国」表記も、この乙丑年木簡が初見である。

六七〇（天智九）年の庚午年籍は、最初の全国的戸籍とされる。大宝・養老令に永久保存が規定され、氏姓の根本台帳として参照された。令制では戸籍は六

▼**飛鳥石神遺跡**　七世紀前半から八世紀前半にかけて営まれた、宮室関連遺跡。飛鳥寺《あすかでら》の北西方に位置する。最盛期の斉明《さいめい》朝には、石組の方形池や石敷き広場があり、須弥山石《しゅみせんせき》（仏教世界の中心を示す石造物）もおかれ、饗宴《きょうえん》・外交の場として機能したらしい（五七ページ「水落遺跡と石神遺跡復元模型」参照）。

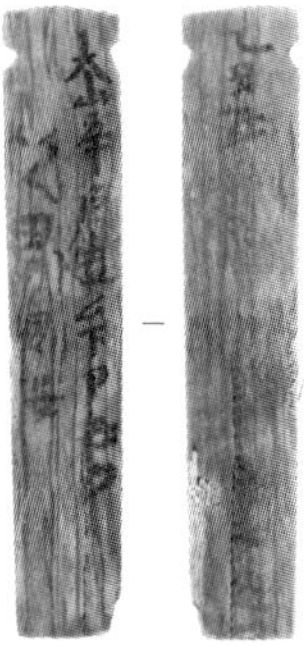

**乙丑年の「五十戸」木簡**

▼**大宝二年戸籍**　東国の御野（美濃）、西海道《さいかいどう》の筑前《ちくぜん》・豊前《ぶぜん》・豊後《ぶんご》のものがまとまって残る。御野戸籍は浄御原令に准拠し、西海道の戸籍は最新の大宝戸令によるとみられ、記載様式に大きな違いがある。

▼**「嶋評《しまのこおり》」戸口変動記録木簡**　「嶋評」（筑前国嶋郡）は現在の糸島《いとしま》半島。木簡のオモテにみえる「川ア里」は、七〇二（大宝二）年の戸籍が残る筑前国嶋《しま》郡川辺《かわべ》里《り》にあたる。男女別の記載や、「政」字の使用など、浄御原令に准拠したとされる御野戸籍との共通性がみられる（坂上二〇一三）。三九ページ参照。

年一造だが、庚午の次の造籍は二〇年後の六九〇（持統四）年庚寅《こういん》年籍で、その次は一二年後の七〇二（大宝二）年である。七〇二年の戸籍▲は奈良の正倉院《しょうそういん》に数カ国分が現存する。庚寅年籍の六年後にあたる六九五（持統九）／六九六（同十）年造籍の痕跡もあり、六年一造は浄御原令に始まるのだろう。

庚午でも庚寅でも造籍に先立ち浮浪の捕捉が命じられたが、庚寅年籍ではそれに加えて、徴兵・軍団制と造籍との密接な関わりを示す点に特色がある（持統三年閏《うるう》八月詔。二二ページ参照）。養老軍防令によると、兵士は「同戸の内、三丁毎《ちょうごと》に一丁を取る」定めである。庚寅年籍の実物は伝わらないが、飛鳥浄御原令の戸籍様式を残すとされる七〇二年の御野国戸籍をみると、三丁〜五丁（丁は成人男子）を含む戸が多く、ほぼ一戸一兵士となるように戸を人為的に編成したと考えられる（義江〈浦田〉一九七二）。庚寅年籍後の戸口変動を記録したとみられる木簡▲が、二〇一二（平成二十四）年に太宰府《だざいふ》市国分松本《こくぶまつもと》遺跡から出土した。そこには、男女別に人名と年齢区分が書かれ、「兵士」の記載もみられる。

「五十戸」制は、戸を五〇戸単位でくくった最末端行政単位として設定され、天智朝にはある程度機能していたが、一人ひとりを正確に把握し、徴兵単位・

**「嶋評」戸口変動記録木簡**　「政丁」「小子」「丁女」「老女」など、男女の年齢区分とあわせて、「兵士」の記載もある。

(おもて)

(うら)

・「嶋評　戸主建ア身麻呂戸又附去建□〔アカ〕×
『嶋□〔戸カ〕□　政丁次得□□〔万呂カ〕兵士次伊支麻呂政丁次×
占ア恵□□川ア里占ア赤足戸有□□(見)×
小子之母占ア真□〔廣カ〕女老女之子得×
□□□』　穴凡ア加奈代戸有附□□□□□〔建ア万呂戸カ〕占ア×
□□

・「并十一人同里人進大貳建ア成戸有　戸主□〔建カ〕×
同里人建ア咋戸有戸主妹夜乎女同戸□□〔有カ〕×
麻呂損戸　又依去同ア得麻女丁女同里□□〔人カ〕×
白髪ア伊止布損戸　二戸別本戸主建ア小麻呂□×
(307)×(80)×9　081

課税単位として各「戸」を人為的に編成することは、浄御原戸令に始まると考えられる。六年一造の開始、および後世に人身把握・良賤の区別の起点▲とされることからも、庚寅年籍の画期性がうかがえよう。

## 官制の整備

八省を統括する令制太政官《だいじょうかん》の前身組織も、天武朝に直接の出発点があり、浄御原令でほぼ骨格が定まった。『日本書紀』には、六七一(天智十)年に大友《おおともの》皇子《みこ》を太政大臣《おおきまつりごとのおおまえつきみ》、蘇我赤兄《そがのあかえ》を左大臣《ひだりのおおまえつきみ》、中臣金《なかとみのかね》を右大臣《みぎのおおまえつきみ》、蘇我果《そがのはた》安《やす》・巨勢人《こせのひと》・紀大人《きのうし》を御史大夫《ぎょしたいふ》に任じたとの記事がある(正月庚子《こうし》条)が、大友皇子の太政大臣▲は天皇代行者であって、令制太政大臣とは異質である。左大臣・右大臣も旧来の大臣《おおおみ》を左と右に分けたとみるのが妥当だろう。令制官司名につながるものとしては、六七五(天武四)年に「兵政官《つわもののつかさ》」(→兵部省《ひょうぶ》)、六七八(同七)年に「法官《のりのつかさ》」(→式部省《しきぶ》)と「大弁官《おおともひのつかさ》▲」(→左右弁官《べんかん》)がみえ、諸司官人の毎年の勤務評定を法官に送り、法官が校定して大弁官に申し送ることが命じられている。弁官は、令制では太政官内におかれ、諸司を引率(アドモヒ)し、文書

▼**良賤の区別の起点**　弘仁刑部式の逸文(『政事要略《せいじようりゃく》』巻八四)に、「父母、貧窮に縁《よ》りて児《こ》を売り賤と為《な》すは、その事己丑年《きちゅうのとし》(六八九年)以前に在らば、任《まま》に元契《げんけい》に依《よ》れ。もし、売ること庚寅年《こういんのとし》(六九〇年)以後に在らん……皆改めて良と為し、須《すべか》らく罪を論じるべからず」とある。

▼**大友の太政大臣任命**　『懐風藻《かいふうそう》』大友皇子伝には、「太政大臣を拝す。百揆《ひゃっき》を揔《す》べて以て試みる」「始めて万機《ばんき》を親《みずか》らにす。群下畏《い》服《ふく》し、粛然《しゅくぜん》たらざるはなし」とある。

▼**大弁官**　大弁官の実例としては、『日本書紀』朱鳥《あかみとり》元(六八六)年三月に「大弁官直大参《じきだいさん》羽田真人八国」がみえ、「己丑年」(六八九〈持統三〉年)の年紀をもつ「采女氏塋域碑《うねめしえいいきひ》」に「飛鳥浄原大朝廷大弁官直大弐《じきだいに》采女竹良卿《つくらのまえつきみ》」とある。竹良(竺羅)は、天武殯宮《もがりのみや》で内命婦《ひめまえつきみ》のことを誄した。

**太政官組織表**(養老令による)

- 太政官
  - 左大臣
  - 太政大臣
  - 右大臣
    - 大納言
      - 左弁官
        - 中務省(詔書の作成など)
        - 式部省(文官の人事など)
        - 治部省(仏事・外交事務など)
        - 民部省(民政・租税など)
      - 少納言
      - 右弁官
        - 兵部省(軍事，武官の人事など)
        - 刑部省(裁判・刑罰など)
        - 大蔵省(財政・貨幣など)
        - 宮内省(宮中の事務など)

の取次・発給を行う行政事務機関である。そうした仕組みの原型が成立したことが知られる。六八二(天武十一)年八月に、官人の任用・昇進にあたっては族姓を重んじることが命じられ、六八四(同十三)年の八色姓によるあらたな族姓秩序の確定、そして翌六八五(同十四)年の冠位四十八階がこれに続く。六六四(天智三)年の冠位二十六階を一挙に四十八階にふやし、諸豪族をより細かくランクづけて官人制へ組み込むことが可能となった。冠位の名称には、諸王には「明《みょう》(あきらか)・浄《じょう》(きよらか)」、諸臣には「正《しょう》・直《じき》・勤《ごん》・務《む》・追《つい》・進《しん》」という、道徳観や官人としての精励をあらわす文字があてられた(六〜七ページ「冠位・位階制の変遷」参照)。ここで注目すべきは、諸王と諸臣の冠位が区別され、そのうえで、草壁に浄広壱《じょうこういち》、大津に浄大弐《じょうだいに》、高市に浄広弐《じょうこうに》と、天武の皇子たちも諸王と同様に冠位をあたえられたことである。天皇のみが、冠位授与者として諸王・諸臣すべての上に立つ体制である。草壁も筆頭とはいえ冠位を授けられたことは、皇太子制の未成立をうかがわせる。

　天武朝は、「皇親政治」の時代といわれる。たしかに、造高市大寺司《ぞうたけちだいじし》美濃王《みののおう》(六七三年)、兵政官長《つわもののつかさのかみ》栗隈王《くりくまおう》(六七五年)、筑紫大宰《つくしのだざい》屋垣王《やがきおう》(六七六年)、吉備大宰石川王《いしかわおう》(六七九年)、納言《なごん》兼宮内卿《くないきょう》舎人王《とねりおう》(六八〇年)や、国境画定に派遣された伊勢王《いせおう》(六八三年)、新都占地にあたった広瀬王《ひろせおう》など、重要な職務を担った諸王の姿がめだつ。しかしこれは、豪族勢力対皇親勢力といった図式でとらえるべき事柄ではない。冠位四十八階にみるように、豪族とあわせて諸王の官人化も進展し、ともに天皇の手足となって律令成立期の国政を担ったのである。

　官人として出身するにあたっては、「夫《そ》れ初めて出身《みやつかえ》せん者をば、先づ大《おお》舎人《とねり》に仕えしめよ。然る後に、其《そ》の才能《かどしわざ》を選簡《えら》びて、当職《かなわんつかさ》に宛てよ」と、まず大舎人▲として仕え、その才能をみきわめてからふさわしい職に就けることとされた(六七三年五月)。壬申《じんしん》の乱《らん》で大海人に忠実に従い、兵力動員に貢献したのは、地方豪族出身の舎人たちだった。有力王族の宮には、多数の舎人たちがそれぞれの王を主君として奉仕していたのである。あらたな官人制システムのもとでは、全員をまず天皇に近侍させ、忠誠心を育成しつつ、適材適所に配置することとした。このときの詔の対象は「公卿大夫《まえつきみたち》、諸臣《もろもろのおみ》・連、伴造等《たち》」で、中央豪族だけだが、地方豪族についても六七六(天武五)年四月に、「外国《とつくに》の人、進仕《つか》えまつらんと欲《ねが》う者は、臣・連・伴造の子、及び国造の子をば聴《ゆる》せ」と、

▼**大舎人**　のちの養老令制では、大舎人は中務省左右大舎人寮に各八〇〇人が属し、五位以上の子孫、内六位以下八位以上の嫡子が選抜されて、官人の供給源となった。これとは別に大宝令で新設された内舎人《うどねり》があり、五位以上の子孫の優秀な者が九〇人、中務省に属し天皇に近侍した。

出身が認められた。

六七三年五月の詔では女性の出身についてもはじめて定められ、宮人《くにん》(女官)も官人制に組み込まれることとなった。「婦女《めのこ》は、夫《おうと》有ると夫無き、及び長幼を問うこと無く、進仕《つか》えんと欲《ねが》う者をば聴《ゆる》せ」とあり、考選(勤務評定とそれによる昇進)は、男性官人に準じるものとされた。六七九(天武八)年八月には「諸氏《もろもろのうじ》、女人《おみな》を貢《たてまつ》れ」との詔がだされ、令制の氏女《うじめ》▲につながる。女性の出身は、氏単位を原則としたところに特色がある。

天武朝に形成された官司機構の全体的様相がわかるのは、天武死後の殯《もがりの》宮《みや》▲における誄《しのびごと》である。天武は六八六(朱鳥《あかみとり》元)年九月九日に病で没し、二十七日から三十日までの四日間にわたって、次のように諸臣による誄がなされた。

一日目
大海宿禰《おおしあまのすくね》蒭蒲《あらかま》(壬生《みぶ》の事)/伊勢王(諸王《おおきみたち》の事)/県犬養宿禰《あがたいぬかいのすくね》大伴《おおとも》(総《す》べて宮内《みやのうち》の事)/河内王(左右大舎人《ひだりみぎのおおとねり》の事)/当麻真人国見《たいまのまひとくにみ》(左右兵衛《ひだりみぎのとねり》の事)/采女《うねめの》朝臣竺羅《あそんつくら》(内命婦《ひめまえつきみ》の事)/紀朝臣真人《きのあそんまひと》(膳職《かしわでのつかさ》の事)

二日目

▼**氏女**　養老後宮《こうきゅう》職員令に「凡《およ》そ諸《もろもろの》氏《うじ》は、氏別《うじごと》に女貢《にょぐ》せよ。皆、年卅以下十三以上を限れ。氏の名に非ずと雖も、自ら進仕えんことを欲わば、聴せ」とある。

▼**殯宮**　天武は浄御原宮の正宮《おおみや》で崩じ、南庭に殯宮が設けられた。殯とは、死後すぐには埋葬せずに、遺骸を安置してさまざまの儀礼を行うこと。発哭《はっこく》(泣き悲しむ)や誄(死者に向かい偲ぶ言葉を述べる)・歌舞などが行われた。天武の殯は二年余の長きにおよんだ。

布施朝臣御主人《ふせのあそんみぬし》（大政官《おおきまつりごとのつかさ》の事）／石上朝臣麻呂《いそのかみのあそんまろ》（法官《のりのつかさ》の事）／大三輪朝臣《おおみわのあそん》高市麻呂《たけちまろ》（理官《おさむるつかさ》の事）／大伴宿禰安麻呂《おおともすくねやすまろ》（大蔵《おおくら》の事）／藤原朝臣大嶋《ふじわらのあそんおおしま》（兵政官《つわもののつかさ》の事）

三日目

阿倍久努朝臣麻呂《あべのくののあそんまろ》（刑官《うたえのつかさ》の事）／紀朝臣弓張《きのあそんゆみはり》（民官《かきのつかさ》の事）／穂積朝臣虫麻呂《ほずみのあそんむしまろ》（諸国司《くにぐにのみこともち》の事）／大隅《おおすみ》・阿多《あた》の隼人《はやひと》および倭《やまと》・河内《かわち》の馬飼造《うまかいのみやつこ》

四日目

百済王《くだらのこきし》良虞《りょうぐ》／（国々造等《くにぐにのみやつこたち》）

冒頭に「壬生の事」（皇子女の養育）を誄した大海蒭蒲は、大海人（天武）の乳母をだした氏族であろう。一日目は、天皇近侍の諸官司で、令制宮内《くない》省・中務《なかつかさ》省につながるものが多いが、まだまとまった官にはなっていない。二日目は国政を統括する「大政官」を筆頭に、「法官」以下の六官が三日目にわたり、地方官たる国司、「隼人」「馬飼造」の個別の誄が続く。四日目の「百済王」は、白村江敗戦後に倭国に亡命し臣下《しんか》となった百済王族・貴族を代表しての誄である。地方豪族たる「国々造等」は、参るに従って誄をたてまつった。翌年正月以降も誄は続き、正月一日には、「皇太子」(草壁)が「公卿・百寮人等」を率いて慟哭《どうこく》(泣いて悲しみをあらわすこと)したあと、「納言《ものもうしつかさ》」布施朝臣御主人が供物を供え、「膳《かし》部《わで》・采女《うねめ》」が発哀し、「楽官《うたまいのつかさ》」が楽を奏した。

天武朝には左右大臣はおかれず、大政官の最高地位は納言だった。しかし、「大政官の事」を誄した「納言」布施御主人▲の冠位は直大参《じきだいさん》(令制の正五位上)で、理官以下六官のことを誄した者も直広参《じきこうさん》(正五位下)から直広肆《じきこうし》(従五位下)であるから、明確な上下の統属関係には疑問が残る。並列するさまざまな官司群の実質的な統括は、天武個人の人格に依存するところが大だったとみるべきだろう。天武の後継者は、それを引き継ぐだけの人格的力量をもち、かつ、個人に依存しない官司機構を確立するという課題を担うことになる。その課題をみごとに果たしたのが持統だった。

天武が大内陵《おおうちりょう》にほうむられたのは、六八八(持統二)年十一月のことである。

## 「天皇」号と「日本」国号

飛鳥池《あすかいけ》遺跡▲から「大伯《おおく》皇子宮」「舎人皇子」「穂積《ほずみ》皇子」「天皇」、飛鳥京外郭域か

▼**布施御主人**　布施御主人は、六九六(持統十)年に大納言、七〇一(大宝元)年に右大臣となり、七〇三(同三)年に右大臣従二位で没した。壬申の功臣の一人である。

▼**飛鳥池遺跡**　飛鳥池遺跡は、飛鳥寺の東南隅に接し、事務・管理施設を主とする北地区と、工房のおかれた南地区に分かれる(五五ページ「飛鳥池遺跡の工房」参照)。天皇・皇族関係の木簡は南地区から出土し、製品の注文主や供給先にかかわる。現在は、奈良県立万葉文化館がたつ。

らも「大津皇」(子)と記した木簡が出土した。このうちの「天皇」については道《どう》教《きょう》関連の典籍の文言である可能性も指摘されているが、他の皇子名木簡とあわせてみれば、天武・持統朝における君主号としての「天皇」号の存在は確実である。木簡にみえる皇子名はいずれも天武の男女子で、「大伯皇子」は、百済救援軍の遠征途上に大伯海《おおくのうみ》で生まれた大伯皇女(大津の姉)のことである(二一ページ参照)。ほぼ同時期にあいついで完成した『古事記《こじき》』(七一二年)は男女の王族を区別せず「○○王《みこ》」とするのに対し、『日本書紀』(七二〇年)は男女別で、天皇の子を「皇子・皇女」、それ以外の王族は「王・女王」と異なる称号で記す。男女別のない「○○王」は古系譜にも共通する古来の用法で、『書紀』の方式は新しい。木簡の「大伯皇子」という表記は、天皇の子とそれ以外の王を区別するが、男女別はない。まさに過渡期の様相を示すものとして興味深い。

では「天皇」号は天武朝にはじめて使われたのかというと、即断はできない。推古朝以降天武期までの年紀をもつ、「天皇」と記す金石文《きんせきぶん》のそれぞれについて、実際の成立時期をめぐる激しい論争があり、すべてを後世のものと現時点で断定はできないからである。大宝令では諸王の「位」と親王・内親王の「品」位の別

▼**「天皇」号**　「天皇」は、北極星を神格化した「天皇大帝」に由来するとされ、道教思想と関連が深い。高宗と武后は、六七四(上元《じょうげん》元)年に「天皇」「天后」と称した(『旧唐書』高宗本紀)。これは、「皇帝」号を「天皇」号に改めたのではなく、高宗と武后の一代かぎりの称号である(坂上一九九七)。

▼**天武諸子**　八〇ページ「天武諸子略系図」参照。

▼**「天皇」の文字を含む金石文**
法隆寺金堂薬師如来光背銘《こんどうやくしにょらいこうはいめい》・天寿国繡帳銘《てんじゅこくしゅうちょうめい》・野中寺弥勒菩薩銘《やちゅうじみろくぼさつめい》など。

が設けられるが、六八五(天武十四)年の冠位四十八階にはまだその区別はない。「天皇」号そのものは、推古朝に用いられはじめた可能性もあるが、君主号としての確立は壬申の乱とその後の諸政策をへた天武末年であり、浄御原令で法制化されたとみておきたい。「天皇」号の確立とは、「天皇」の地位の隔絶性だけではなく、皇后・皇子女と他の王族との差別化をともなう体系の一環としてであったことを重視すべきだろう。なお、日本は中国に対しては「天皇」号は使わず、「主明楽美御徳」(スメラミコト▲)という和名を称したと推定される。「天皇」号が現実に意味をもったのは、国内と新羅などに対してであった。

国号「日本▲」は大宝令で定められ、七〇二(大宝二)年の遣唐使《けんとうし》が唐で披露し、時の皇帝武則天《ぶそくてん》の承認▲をえて、東アジア国際世界に通用する国号となった。『続日本紀《しょくにほんぎ》』によると、粟田真人《あわたのまひと》が彼《か》の地に到着して、唐人に「日本国《にちほんこく》の使なり」と告げ、相手側の国名変更について「先には是れ大唐《たいとう》、今は大周《たいしゅう》と称《なづ》く。国号《くにのな》、何に縁《よ》りてか改め称《なず》くる」とたずねたところ、唐人は「天皇太帝《てんのうたいてい》(=高宗《こうそう》)崩じたまいき。皇太后《こうたいごう》位に上り、名を聖神《せいしん》皇帝(=武則天)と号《い》い、国を大周と号《なず》けり」と答えた、という(慶雲元〈七〇四〉年七月甲申条)。『旧唐書《くとうじょ》』日本国伝▲には、「日

▼**スメラミコト**　七三六(開元《かいげん》二十四、天平八)年の唐からの国《こく》書《しょ》に「勅す　日本国王　主明楽美《すめらみ》御徳《こと》」とある(『唐丞相曲江張《とうじょうしょうきょくこうちょう》先生文集』巻七)。日本の史書には国書の記載がない。書式によって唐との上下関係が明確になることをきらったのだろう。日本の令注釈書によれば、「天子」「天皇」などの文字表記の別にかかわらず「須《す》明楽美御徳《めらみこと》」と称すとする(『令義《りょうのぎ》解《げ》』儀制令天子条)。

▼**「日本」国号**　大宝公式令《くしきりょう》(公文書の様式を定めた令)の詔書式に「御宇日本天皇詔旨《あめのしたしらすひのもとのすめらがおおみこと》」とあり、「隣国及び蕃国《ばんこく》」に対する詔に用いられた(『令集解《りょうのしゅうげ》』古記)。隣国は唐、蕃国は新羅などだが、唐への国書に「天皇」とは書かなかったはずで、もっぱら新羅(のちには渤海《ぼっかい》も)に向けての書礼である。

本国は倭国の別種なり。その国日辺《にちへん》にあるを以て、故《ゆえ》に日本を以て名となす」、「あるいはいう、日本は旧《もと》小国、倭国の地を併《あわ》せたりと」と記す。

武后のクーデターによる新王朝樹立、「唐」から「周」への国名変更と同様に、「日本」も、新政権による「倭」に変わる王朝名とみるのが、当時の国際的共通理解だったのである。壬申の乱終結後の六七三(天武二)年に来朝した新羅使に対し、天武は「新たに天下《あめのした》を平げ、初めて即位す」と述べて、先帝天智への弔使《ちょうし》は拒み、天武即位の賀使《がし》の入京のみを認めた(一九ページ参照)。その後、長い空白をへて久しぶりに遣唐使を派遣するにあたり、白村江で敗れた「倭国」とは一線を画して、あらたに「日本国」として東アジア国際世界に本格的に再登場しよう、との意味込みをそこにみてとることもできよう。

「日本《ひのもと》」は、「日の出るところ」という意味で、中国の古典や仏典で「東方／東の果て」をさす言葉である。▲国号としての「日本」も、そもそもは「中国からみて東の国」という以上の意味はなかった。そこに後世、「太陽神アマテラスを皇祖とする神国」というあらたな意味が付与されていくのである。

▼**武則天の承認**　『史記《しき》』の注釈書『史記正義』(七三六年成立)には、「武后、倭国を改めて日本国と為す」とある。

▼**日本国伝**　『旧唐書』(九四五年成立)は、「倭国伝」に続けて「日本国伝」を載せる。

▼**「倭」から「日本」へ**　近年中国で発見された「百済禰軍《ねいぐん》墓誌」(禰軍は、もと百済の将で、唐に仕え、六七八年に没)にみえる「時に日本の余噍《よしょう》(残党)……」も、東方の意味で百済をさすらしい。『日本書紀』は、伝承上の「倭建命《やまとたけるのみこと》」(『古事記』の表記)を「日本武尊」に統一的に書き改める一方で、同時代史料たる六七四(天武三)年の対馬《つしま》からの銀貢上記事では、「凡そ銀の倭国に有ることは……」とする。七世紀後半段階での自国号認識は「倭」であった。

# ③―飛鳥の宮から藤原京へ

## 重層する飛鳥「岡本」の宮

話を壬申《じんしん》の乱《らん》終結後に戻そう。乱に勝利した大海人《おおあま》は、桑名《くわな》→鈴鹿《すずか》→阿閇《あへ》→名張《なばり》と吉野《よしの》脱出後の経路をほぼ逆にたどって、「倭京《わきょう》」の嶋宮《しまのみや》にはいり、三日後には岡本宮《おかもとのみや》に移った。嶋宮は、「嶋大臣《しまのおとど》」と呼ばれた蘇我馬子《そがのうまこ》の邸宅跡に設けられた宮で、石舞台古墳《いしぶたいこふん》の西方にあたる。乙巳《いっし》の変《へん》で蘇我本宗《ほんそう》が滅びたあと没収され、宮となった。大海人の母方の祖母（斉明《さいめい》の母）は吉備嶋皇祖母命《きびのしまのすめみおやのみこと》、父方の祖母（舒明《じょめい》の母）は嶋皇祖母命といわれており、嶋宮は大海人にとってゆかりの深い宮だった。七世紀にこの嶋宮から飛鳥《あすか》一帯、さらに北方の小墾《おはり》（治）田《だの》宮《みや》までの範囲に展開した宮・庭園、饗宴《きょうえん》・外交施設などの広がりを、『日本書《にほんしょ》紀《き》』は「倭京」と記している。条坊《じょうぼう》などはなく、漠然とした「京」的エリアである。

時代をさかのぼって考えてみると、王の代替わりにともなってあらたな宮に遷る歴代遷宮《せんぐう》の習わしがあり、かつては死の穢れなどから説明されたこともあった。しかし、そもそも古代の婚姻慣習▲からいって、本拠とする宮は父子で異

▼**古代の婚姻慣習**　通常、男が女のもとにかよう別居の訪問婚（ツマドヒ）で、生まれた子は母方で育つ。大王の場合も、複数のキサキたちが、それぞれの出身氏族の拠点にある宮で王子・王女たちを育てた。したがって、次代の王は前王とは異なる宮で統治を始めることになる。「○○の宮に天下《あめのした》治《し》らす大王」の称号が成立する所以《ゆえん》である。

なるのが普通である。また、〝王は「群臣《ぐんしん》」（有力豪族《ごうぞく》）の推挙によって即位し、即位した新王は「群臣」の任命／地位確認を行う〟というのが、倭王権《わおうけん》のシステムだった（吉村一九九一）。支配機構が未熟で個々の大王《だいおう》と豪族の人格的絆によって成り立つ段階の王権は、代替わりごとに自己の宮であらたな君臣《くんしん》関係をスタートさせねばならなかったのである（仁藤二〇一一）。だが、皇極《こうぎょく》＝斉明以降、大王の宮は固定化傾向をみせはじめる。

　夫舒明の死後即位した皇極は、六四三（皇極二）年四月、仮宮から新造なった飛鳥板蓋宮《あすかいたぶきのみや》に移った。近年の発掘によって、場所は舒明の岡本宮と同じ場所であることが確認された。この板蓋宮を舞台として六四五（大化元）年に乙巳の変が起こり、皇極は弟の孝徳《こうとく》に譲位する。孝徳が宮を構えたのは難波《なにわ》である（難波長柄豊碕宮《なにわながらとよさきのみや》）。孝徳死後の六五五（斉明元）年、皇極はかつての自分の宮である飛鳥板蓋宮で再度即位し（＝斉明）、火災により一時的に飛鳥川原宮《あすかかわはらのみや》に居したのち、六五六（同二）年、後飛鳥岡本宮《のちのあすかおかもとのみや》に移った。岡本宮・板蓋宮と同一の場所である。斉明が百済《くだら》救援軍を率いた遠征先の筑紫朝倉宮《つくしあさくらのみや》で崩じると、あとをついだ息子の中大兄《なかのおおえ》（天智《てんじ》）は、飛鳥ではなく近江《おうみ》の大津《おおつ》に宮を構えた。

以上のように、岡本宮の歴史は舒明に始まる。しかし舒明自身は、岡本宮が火災にあったあと田中宮《たなかのみや》に移り、さらに百済宮を造営してそこで崩じ、岡本宮に戻ることはなかった。歴代遷宮の習わしを超えて、飛鳥の地に安定した王権の拠点を築くことは、皇極＝斉明の強い意志だったのである。近江に拠る大友《おおとも》方を破った大海人は、「岡本宮」にはいることで、母斉明の意志を継ぐ者であることを鮮明に示した。ここが、天武と持統の「飛鳥浄御原宮《あすかきよみはらのみや》」の場所となる。

発掘の結果、同一の場所に営まれた「岡本」の宮は大きく三層に区分され、上層はさらに二期に区分できることが明らかになった。これを文献からわかる宮の変遷にあてはめると、次のようになる（小澤二〇〇三）。

下層（Ⅰ期）　舒明の岡本宮
中層（Ⅱ期）　皇極の板葺宮
上層（ⅢA期）　斉明の後岡本宮
　　（ⅢB期）　天武・持統の浄御原宮（カバー表写真参照）

ⅢB期には、それまでの宮の内郭域《ないかくいき》南東に東南郭（通称エビノコ郭）が設けられた。『日本書紀《にほんしょき》』天武元（六七二）年条に「是歳、宮室《おおみや》を岡本宮の南に営《つく》る」とあるのが、この東南郭にあたるのだろう。旧来の内郭南院にも新造の東南郭にも、正殿にあたる東西棟の大型建物が確認されている。この時期以後、『書紀』は「旧宮」と「新宮」を区別し、持統が継承したのちには「内裏《だいり》」の称もみえる。

ほかにも、浄御原宮の施設・殿舎名としては、「大殿《おおとの》」「向小殿《むかいのこどの》」「大安殿《おおやすみどの》」「内安殿《うちのやすみどの》」「外安殿《とのやすみどの》」「大極殿《だいごくでん》」「西庁」「朝堂」「西門」「南門」などがある。このそれぞれを発掘で確認できる諸構造物のどれにあたるとみるか、諸説があり、確定はむずかしい。内郭南院の正殿《せいでん》を「大安殿」、東南郭の正殿を「大極殿」とみる説が有力である。ただし、東南郭には南門がなく「西門」が正門にあたり、その構造と機能には未解明の部分が少なくない。

『書紀』は東南郭造営の記事に続けて、「その冬に遷り居《おわ》します。是《これ》を飛鳥浄御原宮と謂う」と記すが、この宮号は追記である。岡本宮から浄御原宮への改名は実際には六八六（朱鳥《あかみとり》元）年七月のことで、朱鳥への改元と同時になされた。天武の病気治癒を願ってのことであったらしい（今泉一九八五）。通常、宮名は地名によって「地名＋宮」で呼ばれる。「浄」（きよらか）を含む嘉名に改める前の「岡本宮」は、通例どおりの「地名＋宮」名称である。各時期の「岡本宮」を区

**酒船石遺跡の導水施設**　手前(南)に湧水源があり、小判形石造物から亀形石造物へと導かれた水が北に排水される。右手(東)を取り囲むように階段状の石垣がめぐる。

別する場合には、屋根の特徴から「板葺」としたり、「後《のち》」を冠して呼んだ。地名としての「岡本」は、「岡」のふもとという意味である。宮の東方には丘陵が連なるが、宮名の「岡」は「酒船石《さかふねいし》」などが発見された高台をさすとの説もある。現在、飛鳥の地では、「伝飛鳥板葺宮跡」としてⅢB期の内郭東北角の井戸近辺が復原整備されており、酒船石遺跡はその東北方の丘陵にある。

## 酒船石遺跡と石神遺跡

一九八八(昭和六十三)年にこの丘陵の北斜面で天理《てんり》市石上《いそのかみ》周辺で産出する砂岩切石を積み上げた石垣が発見され、『書紀』斉明二(六五六)年条に「石上山《いそのかみのやま》の石を載《つ》みて、流《みず》の順《まま》に控《ひ》引き、宮の東の山に石を累《かさ》ねて垣とす」とある「石垣」との符合が推定された。その後二〇〇〇(平成十二)年の調査で丘陵北裾から亀形石造物と小判形石造物がみつかった。両者は組み合わせて一連の導水施設をなし、湧水施設から導かれた水が北に延びる溝に排出される仕組みである。周囲には石敷広場が広がり、階段状石垣(東側)と垂直の石垣(西側)が取り囲む。七世紀半ば(斉明期)から十世紀初めごろまでの五期にわたる造営が確認され、

▼**小墾田宮**　小墾田宮の構造は、隋使裴世清《はいせいせい》を迎えたときの『書紀』の記事などをもとに、岸俊男により左図のように推定されている。

**小墾田宮の構造推定図**（岸俊男『古代宮都の探究』より）

現在は、Ⅱ期（斉明〜天武期）の遺構が二つの石造物を中心に酒船石遺跡として公開展示されている。いわゆる謎の石造物「酒船石」は、その東側高台上にある。斉明の行った一連の土木工事を、時の人は「狂心《たぶれごころ》の渠《みぞ》」、「石の山丘を作る。作る随《まま》に自《おの》づからに破れなん」と非難したという。しかし発掘の結果、工事によって後岡本宮造営と一体をなす壮大な公的儀礼空間がつくりだされ、天武以降にもその施設は受け継がれていったことが明らかになった。

　飛鳥のすぐ北方に位置する推古《すいこ》の小墾田宮は、七世紀初めに隋使《ずいし》を迎えるために造営された本格的構造の宮である。▲推古死去後も宮の機構は存続した。皇極は即位後いっとき、小墾田宮に遷り、翌六四三（皇極二）年に飛鳥「板葺」の新宮にはいった。重祚《ちょうそ》後の六五五（斉明元）年にも、用材不足で実現はしなかったものの、小墾田宮を「瓦覆《かわらぶき》」にする大規模な改造を試みた。皇極＝斉明は、飛鳥に本拠をすえ恒久的な王宮《おうきゅう》の形成をめざすにあたって、小墾田宮を北の起点とするなんらかの宮都《きゅうと》構想をもっていたのだろう。壬申の乱のときには、近江方が小墾田の兵庫《ひょうご》から武器を運びだそうとした。八世紀半ばの称徳《しょうとく》天皇の時代にいたるまで、小治（墾）田宮は収蔵庫・行宮《あんぐう》として利用されている。雷丘《いかずちのおか》の東

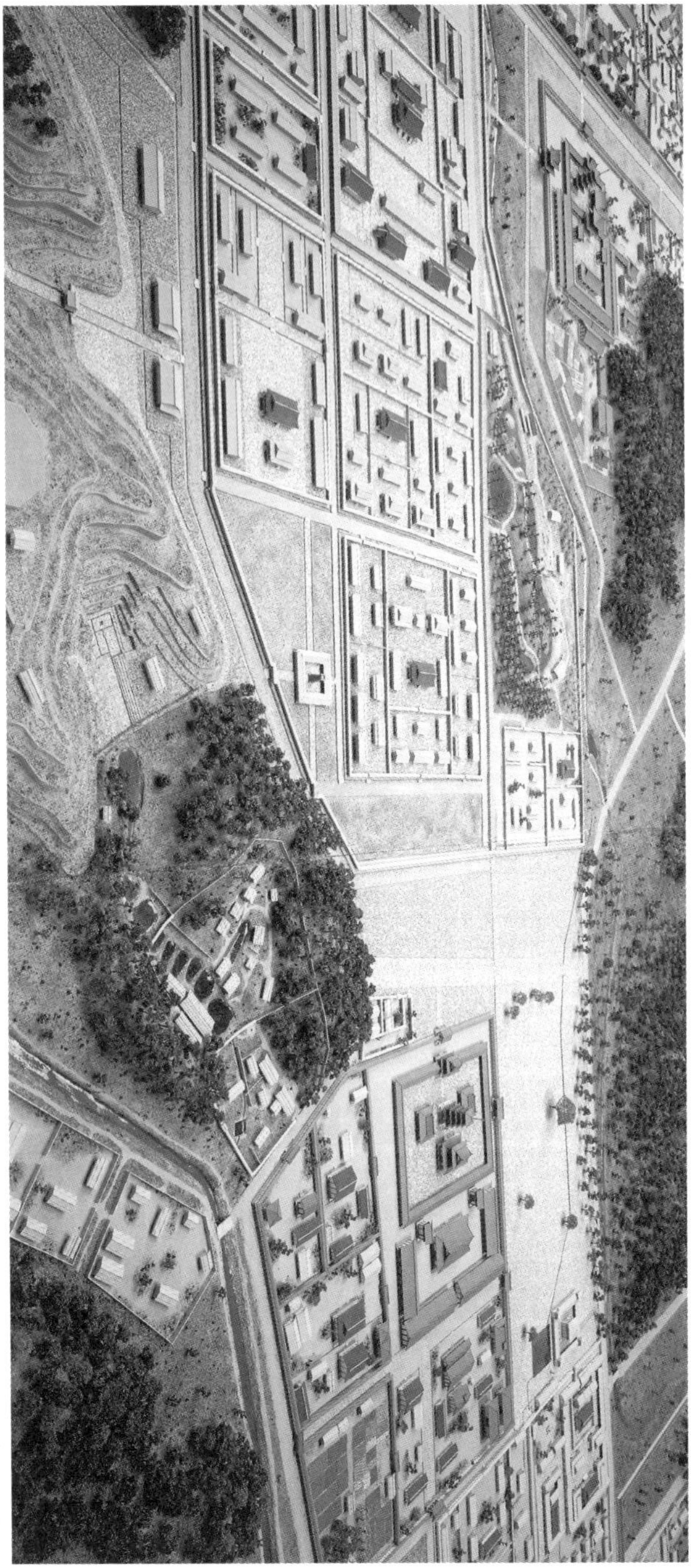

**古代飛鳥の全体模型**　左(南)に飛鳥浄御原宮。その上(西)に川原寺と「白錦御苑」。中央は木に囲まれた飛鳥池工房。その右上(北西)に瓦葺きの飛鳥寺と西の槻の木の広場。広場の右に水落遺跡(漏刻台)・石神遺跡が広がる。各遺跡の最盛期を合成した推定復原。

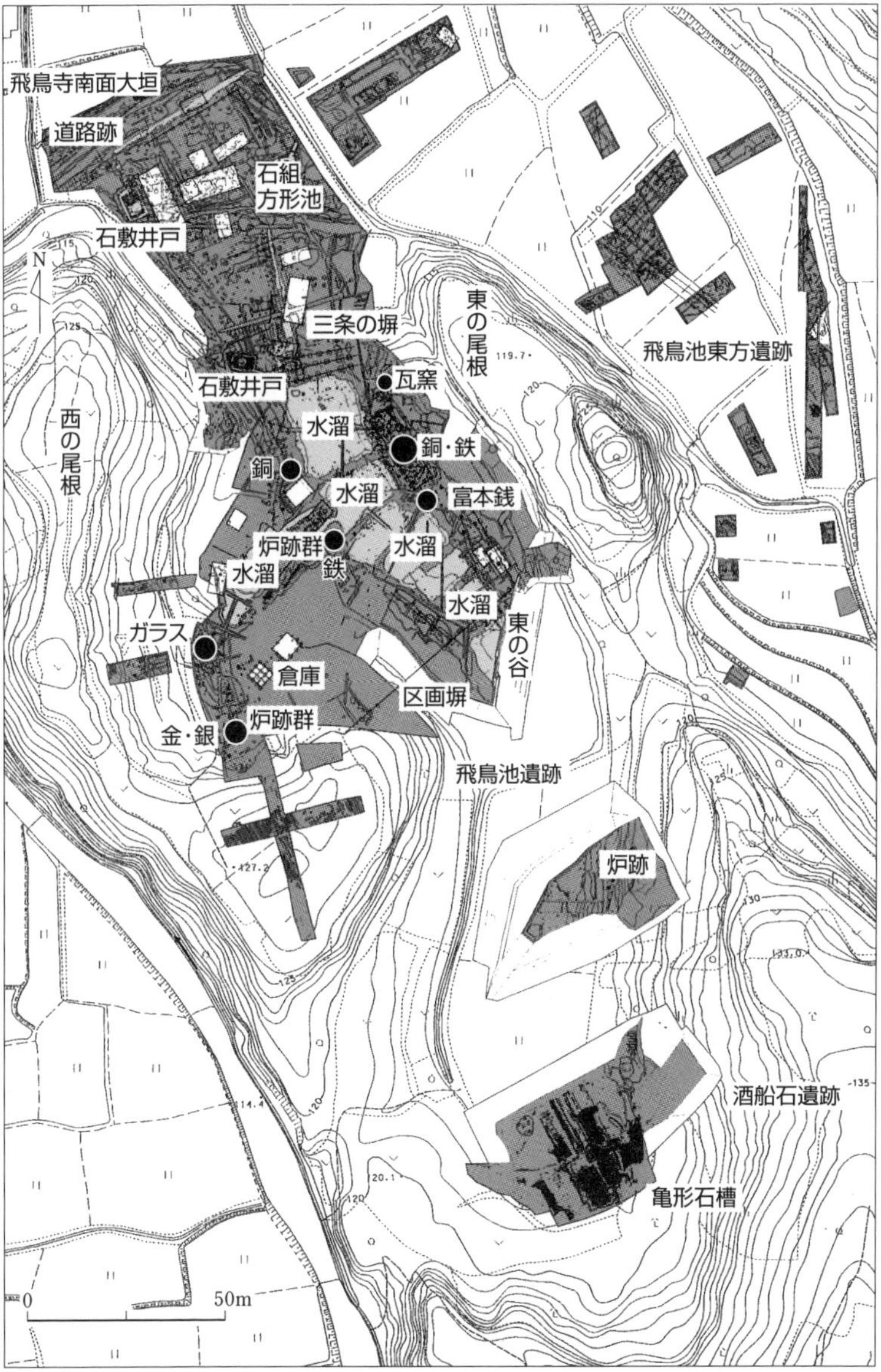


**飛鳥池遺跡の工房**(奈良文化財研究所編『飛鳥・藤原京展』より)

▼**多禰島**　現在の種子島《たねがしま》。七世紀後半の律令《りつりょう》国家形成期には、南西諸島を支配領域に取り込む「国覓《くにまぎ》」が積極的になされ、朝貢《ちょうこう》の使者に対する饗応が行われた。東北の蝦夷経略も、斉明以降九世紀まで数次にわたり繰り返された。

南麓で「小治田宮」と墨書《ぼくしょ》された土器が出土し、一帯が奈良期まで続く小墾(治)田宮跡と推定された。宮域の広がりは不明である。その南端は、斉明・天武朝に展開する石神《いしがみ》遺跡の北端と接続し、一部は重複する可能性も指摘されている。

七世紀を通じて飛鳥の中心にあったのは、飛鳥寺《あすかでら》(法興寺《ほうこうじ》)である。蘇我馬子の発願《ほつがん》になり、塔《とう》・金堂《こんどう》・回廊《かいろう》を備えたわが国で最初の本格的仏教寺院である。飛鳥寺の西の広場には聖なる槻《つき》の木があり、乙巳の変後の君臣による政治的誓《せい》盟《めい》(六四五年六月)、多禰島《たねがしま》▲人や蝦夷《えみし》に対する饗宴(六七七年二月、六八一年九月、六八八年十二月)などが行われた。飛鳥寺は、乙巳の変や壬申の乱では軍事的拠点ともされた(六四五年六月、六七二年六月)。当時において瓦の建物は寺院だけであり、最先端の技術を駆使した堅牢な空間だったのである。

蘇我本宗滅亡後、寺の東南の谷あいに広大な官営工房が築かれた(飛鳥池《あすかいけ》遺跡)。蘇我氏配下の工人たちを再編したものと推定される。天武のときに第二次の大規模な整備がなされた。工房跡からはわが国最古の鋳造《ちゅうぞう》貨幣である富本《ふほん》銭《せん》(銅銭)とその鋳型《いがた》・鋳棹《いざお》なども出土し、「今より以後、必ず銅銭を用いよ。銀銭を用いることなかれ」という、『書紀』天武十二(六八三)年四月の記事が裏

**水落遺跡と石神遺跡復原模型**　手前(南)が水落遺跡の漏刻台。飛鳥寺の西の広場の北端にあたる。奥(北)に石神遺跡の饗宴施設が広がる。

づけられた。工房の北端は、飛鳥寺の南面大垣に接する。

小墾田宮跡と飛鳥寺のあいだには、北から石神遺跡と水落《みずおち》遺跡が広がる。石神遺跡は、一九〇二(明治三十五)年に須弥山石《しゅみせんせき》・石人《せきじん》像が発見された場所である。一九八〇年代以降の本格的な発掘調査で、七世紀前半から八世紀初めまで、A・B・Cの三時期にわたる饗宴・官衙《かんが》遺構であることがわかった。水落遺跡は時刻をはかる漏刻台《ろうこくだい》(水時計)、須弥山石は仏教世界の中心をかたどった四段の石組みよりなる噴水施設である。発見された須弥山石は分解移動できる構造で、六一二(推古二十)年に小墾田宮の南庭に築かれたという「須弥山の形」と同一物らしい。斉明期には、「飛鳥寺の西」や「甘樫丘《あまかしのおか》の東の川上《かわら》」、「石上池の辺」などに須弥山を設置し、南島人・蝦夷への儀礼的宴が催された(六五七・六五九・六六〇年)。石神遺跡の最盛期はA3期(斉明朝)で、長大な建物、石敷の井戸、方形池、倉庫などを備え、朝鮮からの使節を迎える饗宴施設として機能したらしい。漏刻台もこの時期に築かれた。時を正確にきざむことは官人の出退管理とかかわり、官僚制の整備を示すという。斉明を継いだ天智は、近江大津宮に漏刻台を移築した。

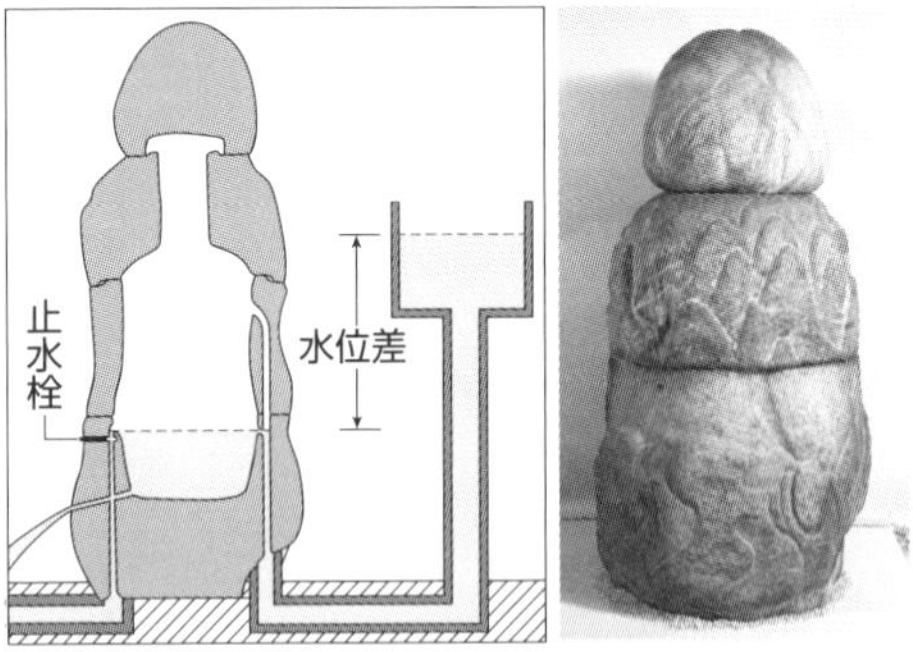


**須弥山石**　四段に重ねた石の外側に「須弥山」の文様をきざんだ噴水施設。左は噴水の仕組み(推定)。現存するのは、一・二・四段目の石。左図は奈良文化財研究所編『飛鳥・藤原京展』より)。



B期(天武朝)には、A期の施設は全面的に取り壊され、官衙施設に一変した。C期(藤原宮《ふじわらきゅう》期)は、掘立柱塀で囲まれた方形の役所区画となる。

このようにして、七世紀後半の天武・持統朝には、飛鳥「岡本」の地になかば恒久的に営まれた宮を中核にして、北は小墾田宮から南は嶋宮までの範囲に各種の公的施設・官衙がつぎつぎに広がり、それらが散在しつつ補完しあって、律令制形成期の「宮都《きゅうと》」的機能を担っていたのである(五四ページ「古代飛鳥の全体模型」参照)。ただし東西・南北の道路で区切られた方形の条坊を備えた都《みやこ》ではなく、天皇の宮(内裏)を中心とする官衙地区(大内裏)は未成立で、官人化した豪族たちの都への計画的集住もみられない。それらの課題は藤原京で果たされることになる。

## 藤原京の都城プラン

六七六(天武五)年の「新城《にいき》に都つくらんとす」という造都記事が、藤原京建設計画のスタートを示す。その後の六八二〜六八四(天武十一〜十三)年にも、地形をみさせたり天皇自身で巡行したりしているが、このときの造都計画は天武の病↓死もあっていったん挫折し、六九〇(持統四)年十二月に、「藤原宮《ふじわらのみや》」造営として本格的に再スタートする。持統の正式即位の年である。翌年十月には「新益京《あらましのみやこ》」の鎮祭《しづめまつり》、翌々年五月には「藤原宮地」の鎮祭が行われ、六九四(持統八)年に持統は藤原宮に遷った。「新益京」とは、従来の「倭京《わきょう》」をあらたに拡大(益)した京という意味である。「藤原京」(喜田貞吉《きたさだきち》の命名)の呼称は史料にはない。新城での造都計画から始まって六九四年に一応完成し七一〇(和銅《わどう》三)年の平城京遷都《せんと》まで続いた、藤原宮を核とする条坊制の都をさす学術用語である。

藤原京の範囲は、かつては、東西を中《なか》ツ道《みち》と下《しも》ツ道《みち》、南北を横大路《よこおおじ》と山田道《やまだみち》という古代の幹線道路で囲まれた、東西二・一キロ、南北三・二キロの長方形の範囲と考えられていた(岸説藤原京。岸一九八八)。これだと宮は京の中央北部に位置する。しかし発掘調査の進展で現在では、約一キロ四方(四坊▲)の宮を中央におく、南北一〇条・東西一〇条ほぼ五・三キロ平方の正方形の都と考えられるようになった(大藤原京。小澤二〇〇三)。ただし、北の東西の端(京極《きょうごく》)は発掘で確認済みだが、南の端は未確定で、丘陵にかかる東南部に条坊が施行されたかは疑わしい。中国の古典『周礼《しゅらい》』の王城《おうじょう》観にのっとって設計された、宮を

▼**坊**　東西・南北の大路で区切られた一区画が一坊で、約二四〇メートル四方。

中心に四方に広がる理念的要素の強い都だった(中村一九九六)。

発掘調査では本薬師寺《もとやくしじ》の下層に条坊道路の側溝が発見され、宮内でも二次にわたる先行条坊の痕跡が確認された。六七六年に始まる造都《ぞうと》事業とその中断・再開を示す。『書紀』は、六八四(天武十三)年三月に天皇が京師《けいし》を巡行して「宮室の地」を定めたと記すが、発掘でも大極殿北方に先行条坊を切る資材運搬用運河があり、「壬午年《じんご》」(六八二)〜「甲申年《こうしん》」(六八四)の年紀の木簡《もっかん》が出土した。宮都の構想は天武末年にほぼ固められ、持統によって実現したとみることができよう。六八三(天武十二)年十二月には「およそ都城《みやこ》・宮室《おおみや》は一処《ひとところ》に非ず。必ず両参《ふたところみところ》造らん」として、難波での都づくりをめざして官人に家地申請を命じた。しかし、六八六(朱鳥元)年正月に難波宮は焼失▲し、複都《ふくと》構想は頓挫する。六九一(持統五)年十二月に藤原京での宅地班給が命じられ、大臣以下すべての官人の集住▲がようやく実現した。

遷都後、飛鳥池工房の本格的操業は終了し、石神遺跡でも以降の木簡は出土していない。散在していた官衙機能は広大な宮に集約されたのである。藤原宮の前半期は浄御原令、後半期は大宝令《たいほうりょう》の施行期にあたる。八世紀初頭の大宝令

▼**難波宮の焼失**　難波宮はその後、聖武《しょうむ》天皇のときに再建され、七三四(天平六)年には京内での宅地班給もなされた。宮は二層の遺構からなり、発掘調査で下層遺構の火災痕跡が確認された。前期(下層)の建物は掘立柱で屋根瓦は使われず、後期は礎石建ち、瓦葺きである。

▼**官人の集住**　大臣＝四町から庶民の下戸《げこ》＝四分の一町まで、身分階層に応じて規定された。一町は一坊の四分の一で、約一二〇メートル四方。発掘では岸説藤原京の外で八分の一町の宅地が確認されており、岸説藤原京の範囲になんらかの区分上の意義があったとみる根拠の一つとなっている。

施行にともない、宮内の官衙地区では大改造が行われたらしい。浄御原令期の木簡では官司名は「大学官《だいがくのつかさ》」「干官《かしわでのつかさ》」のように「〇〇官《つかさ》」を基本とし、のちの大宝／養老令官制のような上下の統属関係による「官―省―職／寮／司」の明確な区別はみられない。▲「薗官《そののつかさ》」と「薗職《そののつかさ》」のように、同一官司で異なる字を通用するものもある。大宝令の施行は官司制の大幅な再編・確立をともない、それによって官衙地区は改造を余儀なくされたのである。単一の京が左京《さきょう》と右京《うきょう》に分かれて「左右京職」がおかれ、固有名詞の坊名に加えて数詞の坊名呼称▲が使われはじめるのも、大宝令を契機にしてであったらしい。藤原京の造営は六九四年の遷都後も続くが、七〇四(慶雲《けいうん》元)年十一月には終了したようで、宅が「宮中」▲にはいる百姓《ひゃくせい》一五〇五烟《えん》に対する補償の布支給がなされた。

## 大極殿と朱雀大路

完成した藤原宮は、

やすみしし　わご大君　高照らす　日の皇子　荒たへの　藤井が原に
大御門《おおみかど》　始めたまひて　埴安《はにやす》の　堤の上に　あり立たし　見したまへば

▼**浄御原令と大宝／養老令の官司**　大宝／養老令官制では「大学官」は「太政官―式部省―大学寮」という統属関係になる。「干官」は、宮内省に大膳職と内膳司があり、後《こう》宮《きゅう》十二司《じゅうにし》にも膳司がおかれた。いずれも「カシワデノツカサ」である。

▼**藤原京の坊名呼称**　『続日本紀』文武三(六九九)年正月条に「林《はやし》坊《ぼう》」、飛鳥藤原京木簡には「軽坊《かるぼう》」、「四坊刀禰」がみえる。

▼**宮中**　烟数からみて、この「宮中」は京をさすと考えられる。当時においては、京とは「宮」を中心とする広がりそのものだったのだろう。

大和の　青香具山《あおかぐやま》は　日の経《たて》の　大き御門に　春山と　しみさび立てり
畝傍の　この瑞《みず》山は　日の緯《よこ》の　大き御門に　瑞山と　山さびいます
耳梨の　青菅山《あおすがやま》は　背面《そとも》の　大き御門に　宜《よろ》しなへ　神さび立てり　名ぐはしき　吉野の山は　影面《かげとも》の　大御門ゆ　雲居にそ　遠くありける……

わが大君が藤井が原に宮殿を造り始められ、埴安の堤に立ってご覧になると、大和の香具山は東の大御門、畝傍山は西の大御門、耳梨山は北の大御門にたち、吉野山は南の大御門から遥か遠くにそびえている……

と詠《うた》われた（『万葉集《まんようしゅう》』五二番「藤原宮御井の歌」作者未詳）。東・西・北を大和三山《やまとさんざん》に囲まれ、南方は霊峰吉野に守られた藤原宮（扉写真参照）を、国見《くにみ》▲の伝統的表現を踏まえてよんだ歌である。

これを、舒明天皇（天武の父、持統の祖父）作とされる国見歌「……天《あめ》の香具山　登り立ち　国見をすれば　国原《くにはら》は　煙立ち立つ　海原《うなはら》は　かまめ立ち立つ　うまし国そ　あきづ島　大和の国は」（『万葉集』二番）の、香具山から見渡せる自然の情景をたたえて支配の確認にいたる表現と対比してみると、「藤原宮御井の歌」でたたえられているのは、自然の山を遠景に取り込み、役民を動員してつ

▼**国見**　小高いところにのぼって大地をみはるかし、国讃《くにぼ》めの呪《のり》言《こと》を唱えて呪的支配を完成させる首長《しゅちょう》儀礼。豊かな稔りを願う予祝儀礼に源をもつとされる。

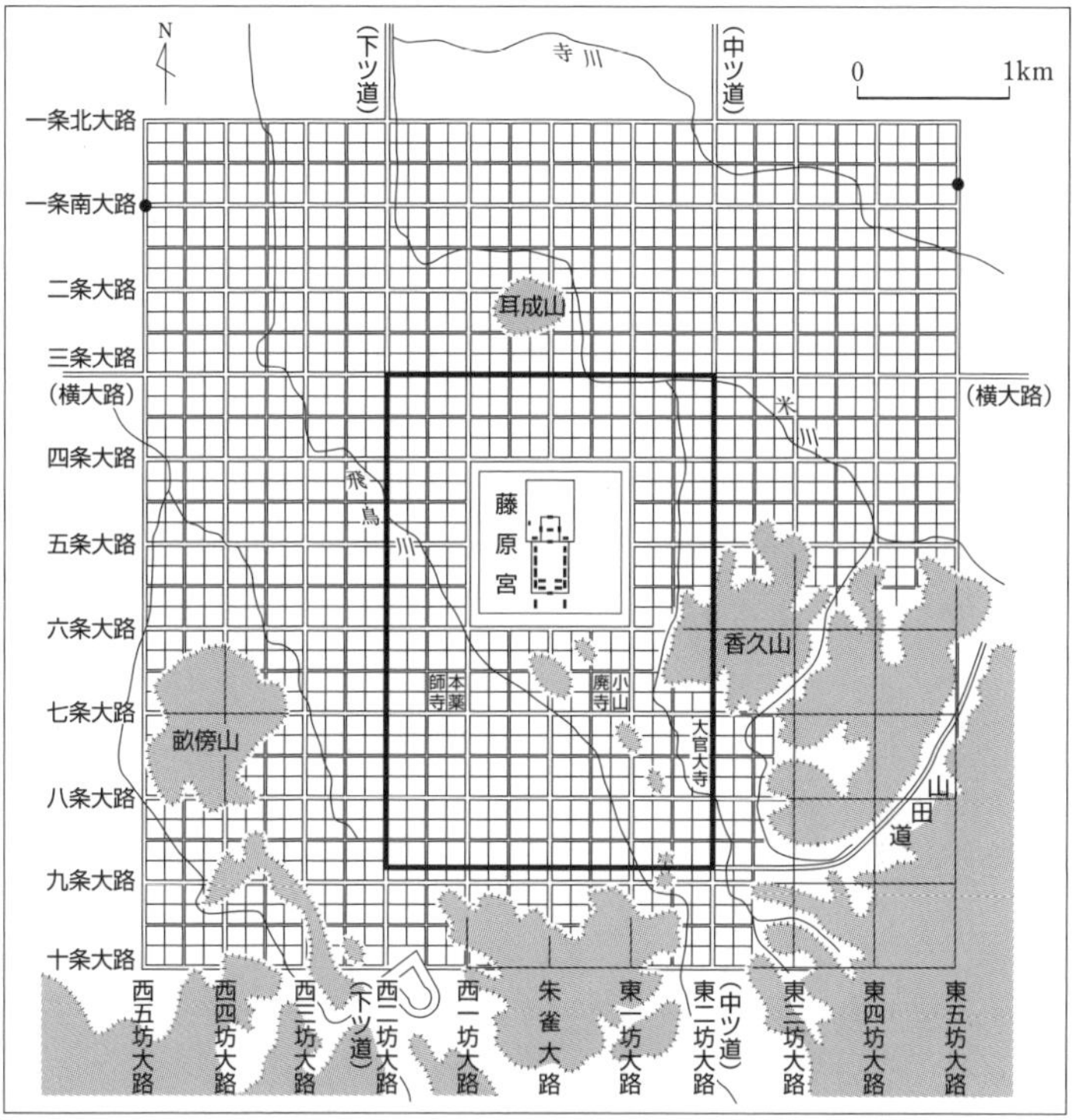


**藤原京条坊推定図**（奈良文化財研究所編『飛鳥・藤原京展』に一部加筆）
●は京極確認地点。太線は岸説藤原京の範囲を示す。

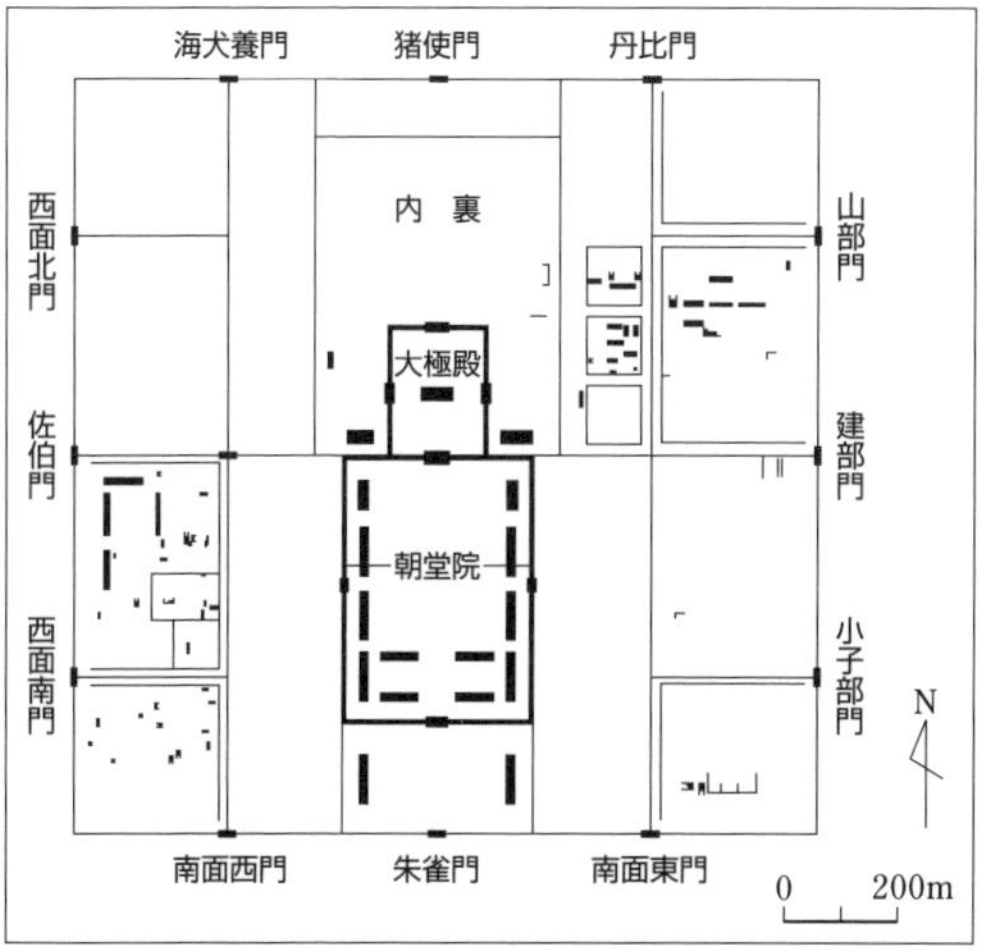


**藤原宮の大極殿と朝堂院**（奈良文化財研究所編『飛鳥・藤原京展』より） 朝堂院には、東・西・南に十二堂（官人の政務空間）が建ちならぶ。中央の広場は官人が整列する儀式空間。

**大極殿南門前に立つ幢幡**（合成写真）　中央の鳥形の幢の右に日像・青竜・朱雀の幡、左に月像・玄武・白虎の幡。

くられた巨大な宮の威容である。礎石建《そせきだ》ちで、丹塗《にぬ》り柱・瓦葺《かわらぶ》きの大極殿や大門は遠方からも容易にみえ、支配機構の頂点に立つ天皇の力を実感させるものであったろう。藤原宮は、伝統的支配観の集大成の上に中国古典の都城《とじょう》理念を重ねあわせた、過渡期の特異なスタイルの宮＝京だったのである。

藤原宮は史上初の瓦葺き宮殿《きゅうでん》である。その中心に位置する大極殿は、南の朝《ちょう》堂院《どういん》に立ちならぶ官人たちと向かいあう、天皇の独占空間である。七〇一（大宝元）年の正月朝賀《ちょうが》の儀は、大極殿正門（南門）の前に七本の幢幡《どうばん》を立て、新羅の使者なども参列して行われた。『続日本紀《しょくにほんぎ》』はその情景を「文物の儀、是に備われり」と誇らかに記している。藤原宮大極殿は、平城宮、さらに恭仁宮《くにのみや》▲にも礎石ごと移建されたことが、発掘調査で確かめられた。それだけ画期的なモニュメントだったのだろう。大極殿南門は、正方形の宮のまさしく中心に位置するように設計された。朱雀大路《すざくおおじ》と五条《ごじょう》大路の交点である（六三ページ「藤原京条坊推定図」参照）。朱雀大路は、古道である下ツ道と中ツ道の中軸線と重なる。

しかし、大宮《おおみや》を中心に四方に広がる理念を優先させた都城プランにおいては、十条十坊とはいっても、地形的制約から朱雀大路を南端にまで延ばすことはで

▼**恭仁宮**　京都府相楽郡《そうらく》に所在。七四〇(天平十二)年から七四五(同十七)年までの宮で、大養徳恭《やまとのく》仁大宮《にのおおみや》と号した。大極殿はのちに山背国分寺《やましろこくぶんじ》金堂となり、その基壇が現在も残る。

きなかった。朱雀大路南端にあって宮都の表玄関となるべき羅城門《らじょうもん》は、山地にかかり存在しない。本来ならば羅城門をくぐって進む外国使節に国家の威容を示す入京儀礼は、ごく不十分にしかできなかったろう。排水面での問題も多かったらしい。十数年後に遷都する平城京は、現実の唐の都長安城《ちょうあんじょう》をモデルとし、そこではこうした難点は解消された。

## 国家構想のなかの仏教

六三九(舒明十一)年、舒明は百済川のほとりに大宮と大寺《おおでら》をつくることを命じ、西国《さいごく》の民は宮、東国《とうごく》の民は寺の造営に動員された。九月には百済大寺の九重塔が建ち、翌年に舒明は百済宮に遷った。一九九七(平成九)年からの発掘により、桜井《さくらい》市吉備《きび》の吉備池廃寺で金堂と九重塔の基壇《きだん》跡が確認され、百済大寺であることが判明した。蘇我氏が前代に建立《こんりゅう》した飛鳥寺と比べると、金堂基壇で約三倍、塔基壇で約七倍となる。宮とセットで、飛鳥寺をはるかにしのぐ規模の寺が、天皇の命《めい》によってつくられたのである。乙巳の変後の六四五(大化元)年八月、孝徳は「大寺」(飛鳥寺のこと)に僧尼を集め、六世紀に仏教が伝来して以来の蘇我氏による尊崇の歴史を述べたうえで、以後は天皇が率先して諸氏の寺院造営を援助し、僧尼の統制を行うことを宣言した。仏教を軸とする国家づくりを、蘇我氏にかわって王権主導で行うことを明確にしたのである。

舒明の死後も、百済大寺の造営は皇極＝斉明から息子の天智・天武にも引き継がれ、天武は即位翌年の六七三(天武二)年、高市に寺地を移し、のち寺号を「大官大寺《だいかんだいじ》▲」と改めた。「天皇の寺」という意味である。平城遷都後、左京六条四坊の地に遷され、大安寺《だいあんじ》▲となる。

高市に移建した大官大寺が官寺《かんじ》の筆頭に位置づけられる一方で、蘇我氏から接収した飛鳥寺にも六七三年には一七〇〇戸の封戸《ふこ》が施入され(『新抄格勅符抄《しんしょうかくちょくふしょう》』)、大規模な修造が進められた。六七七(天武六)年八月には、飛鳥寺で一切経《いっさいきょう》▲を読む大規模な法会《ほうえ》を行い、天皇みずから寺の南門に出御《しゅつぎょ》して、仏を敬うことを親王《しんのう》以下貴族たちに示した。六八〇(天武九)年四月には、「国の大寺二、三」(大官大寺・川原寺《かわはらでら》と薬師寺《やくしじ》)以外の寺院造営への援助を停止したが、飛鳥寺だけは「(元来の官寺ではないが)元より大寺として官司《つかさつかさ》恒《つね》に治《おさ》めき。また嘗《かつ》て功有り」として、とくに官寺の例に加えた。飛鳥寺の東南隅には唐から帰国した

▼**高市大官大寺**　香具山西麓の木之本廃寺《きのもとはいじ》をあてる説が有力。岸説藤原京の東辺に接する位置である(六二ページ「藤原京条坊推定図」参照)。

▼**大安寺**　のちに大安寺三綱《さんごう》が提出した文書によると、聖徳太子《しょうとくたいし》が創建した平群《へぐり》郡熊凝《くまごり》道場を、舒明が十市《といち》郡百済川辺に遷して百済大寺と号し、天武が高市郡夜部《やべ》村に遷して高市大官寺と号し、のち聖武の命で平城に遷して大安寺と号したという(『三代実録《さんだいじつろく》』元慶《がんぎょう》四〈八八〇〉年十月二十日条)。

▼**一切経**　経・律・論およびその注釈も含む仏教経典のすべて。大蔵経《だいぞうきょう》ともいう。

▼**道昭**　俗姓は船氏《ふなうじ》。六五三(白雉《はくち》四)年に入唐《にっとう》し、六六〇(斉明六)年に帰国。玄奘《げんじょう》訳の経論《きょうろん》や

禅籍《ぜんせき》を多数持ち帰り、法相宗《ほっそうしゅう》を伝えた。六九八（文武二）年に初の大《だい》僧都《そうず》に任じられた。同年に禅院《ぜんいん》で没し、遺命により火葬された。火葬の初例とされる。

**川原寺の復原模型**　南門・中門・金堂が一直線にならび、そのうしろが講堂。中門と金堂をつなぐ回廊内に塔と西金堂が建つ。

道昭《どうしょう》▲の建てた禅院があり、天武の帰依《きえ》を受けた道昭はそこで多くの弟子を育てた。禅院《ぜんいん》は道昭が持ち帰った多くの経論《きょうろん》を蔵し、「書迹楷好《しょせきかいこう》にして、並びに錯誤あらず」といわれ（『続日本紀《しょくにほんぎ》』文武四〈七〇〇〉年三月道昭薨伝《こうでん》）、写経《しゃきょう》のためにしばしば借覧された。飛鳥寺は平城京左京四条に移されて元興寺《がんごうじ》となる。

百済大寺（→大官大寺）につぐ官大寺は川原寺（弘福寺《ぐふくじ》）である。斉明の殯《もがり》が行われた飛鳥川原宮の故地《こち》につくられた寺で、後飛鳥岡本宮とは飛鳥川を挟む西隣になる。発掘で、中門《ちゅうもん》と金堂をつなぐ回廊、回廊の内部に向かいあって建つ塔と西金堂、金堂のうしろに講堂、という伽藍《がらん》配置が明らかになった。出土した軒瓦《のきがわら》から、天智朝の建立と考えられる。川原寺式の軒瓦は諸国に広がり、白鳳《はくほう》期の寺院の多くで用いられた。六七三年には川原寺で一切経の書写が行われ、その後も天武・持統朝から奈良時代を通じて高い格式を保った。天武の病に際しての薬師経講説（六八六年五月）、百官人をつかわしての燃燈供養《ねんとうくよう》・悔過《けか》（同年七月）、親王以下諸臣による天武の病治癒誓願《やまいちゆせいがん》（同九月）など、母斉明の供養に始まり、天皇の治病・身体護持を願う信仰で発展した寺である。

もう一つの官大寺である薬師寺は、六八〇（天武九）年九月に天武が皇后（持統)の病のために発願し、天武の死後、持統によって継続して造営された。六八八(持統二)年には無遮大会《むしゃだいえ》▲が行われているので、そのころまでに一応の造作ができたのだろう。薬師信仰は、治病を中心とする現世利益《げんせりやく》的な願いにより、豪族層にも早くから広まっていった。中国仏教にはみられない特色である。呪《じゅ》術《じゅつ》的・即物的な仏教理解の段階にあった倭国の人びとにとって、階層を問わず受容しやすい信仰だったといえる。

薬師寺は藤原京右京八条三坊に位置し、伽藍中軸線は西三坊の中軸線と一致する。藤原京の条坊計画と密接な関連のもとに造営された寺院である。平城遷都にともない、七一八(養老《ようろう》二)年に右京六条二坊に移転し(現所在地)、旧地の伽藍は本薬師寺と称した。

他方で、六七六(天武五)年十一月には、使者を諸国に派遣して金光明経《こんこうみょうきょう》・仁王経《にんのうぎょう》という護国経典《ごこくきょうてん》▲の講説を行わせた。金光明経の講説は、その後も宮《きゅう》中《ちゅう》・諸寺(六七六・六八〇・六八六年)、さらに京師・四畿内《しきない》▲でも行われ(六九二年)、六九四(持統八)年五月には金光明経一〇〇部を諸国に送り、毎年正月に官《かん》物《もつ》を布施料にあてて転読することを命じた。七〇二(大宝二)年十二月には、持

**▼無遮大会**　誰も遮《さえぎ》ることのない法会《ほうえ》という意味。僧俗・貴賤の区別なくすべての者が参加し供養を受ける。中国では菩薩天子として知られる南朝《なんちょう》の梁の武帝《ぶてい》に始まり、隋の文帝《ぶんてい》、唐の高祖《こうそ》も行ったとされる。

**▼護国経典**　「金光明経」四巻は、「金光明最勝王経《さいしょうおうぎょう》」の抄訳。国王がこの経を広宣読誦《こうせんどくじゅ》すれば、諸天《しょてん》善神《ぜんしん》が国土を擁護し人民安穏《あんのん》と説く。のちには義浄《ぎじょう》訳の「金光明最勝王経」一〇巻が用いられた。国分寺の寺名「金光明四天王《してんのう》護国《ごこく》之《の》寺《てら》」はこの経による。「仁王経」も国土守護、繁栄の策を仏教の本義《ほんぎ》から説く。

**▼畿内**　王城の周辺に設定された特別行政区画。中国の制にならって設けられた。持統朝の四畿内は大倭《やまと》(大和)・河内《かわち》・摂津《せっつ》・山背《やましろ》(山城)の四国。のち和泉《いずみ》国が加わり五畿内となる。

統太上《だいじょう》天皇の病のため四畿内で金光明経を説かせたが、その甲斐なく、持統は没した。

　宮都と寺の関係を、再度考えてみよう。六八〇年五月に「京内廿四寺」に綿・布などをほどこす、という記事がみえる。薬師寺の造営開始は六八〇年十一月なので、この二四寺は薬師寺よりも前に成立した寺である。薬師寺より古い瓦を出土する寺院址の所在地は、およそ北は横大路、西は下ツ道、東は上ツ道（阿倍山田道《あべのやまだみち》）、南は檜隈《ひのくま》・祝戸《いわいど》辺りまでを含むという（木下二〇〇三）。六八〇年段階の「京」はこれだけの広がりをもち、内部に多数の寺院を含み込むものとして構想されたのである。飛鳥中央部の飛鳥寺、南西部で浄御原宮に隣接する川原寺、そして香具山西麓の大官大寺が、その中核に位置した。

　六〇七（推古十五）年の遣隋使《けんずいし》は、「聞くならく、海西の菩薩天子《ぼさつてんし》、重ねて仏法を興すと」と述べて、同行した数十人の沙門《しゃもん》（僧）の仏法習得を願った（『隋書《ずいしょ》』倭《わ》国伝《こくでん》）。隋・唐と近隣諸国との国際交渉において、仏教は普遍的共通価値・外交手段として重要な政治的意味をもっていた。中国は留学僧《るがくそう》の受入れ、漢訳仏典の頒布・賜与などを通じてその秩序を統制し、皇帝は共通の価値観のもと

「菩薩天子」として頂点に君臨した(河上二〇一一・榎本二〇一三)。同様に近隣諸国の王も、入手した仏像・経典などを国内に頒布し仏法興隆を進めることで、国家統一を押し進め、王の権威確立につなげたのである。須弥山石をおけば、そこは仏教世界の中心に擬される。「甘檮丘の東の川上《かわら》に、須弥山を造りて、陸奥《みちのく》と越《こし》との蝦夷《えみし》に饗《あえ》たまう」(六五九年三月)というように、夷狄《いてき》を従える小中華帝国を構想することもできる。持統は、陸奥の蝦夷沙門の願いに応じて、「金銅《こんどう》の薬師仏像・観世音《かんぜおん》菩薩像」を授けた(六五六年七月)。京師と四畿内での金光明経の講説を命じた六九二(持統六)年閏五月には、南九州の大隅《おおすみ》・阿多《あた》の隼人《はやと》たちのもとに、仏教を伝えるために沙門を派遣している。

天武・持統朝において、遣唐使《けんとうし》の派遣はとだえたままだが、仏教を軸とする国家構想は国内で着実に前進していたのである。しかし、最新の仏法を中国から直接に学び、東アジアの国際舞台に本格的に再参入したい、との思いは倭国の最高支配層のなかに強烈にあったろう。大宝二(七〇二)年出発の遣唐使一行に随行した道慈《どうじ》は、七一八年に帰国後、日本のそれまでの仏法が大唐のそれとは異なることを指摘して正したという(『続日本紀』天平十六〈七四四〉年十月条)。

**「倭の五王」の系譜関係**　『宋書』の系譜は、「子」「弟」を文字どおりの続柄とみる旧来の説によって図示した。点線は続柄記載のないことを示す。

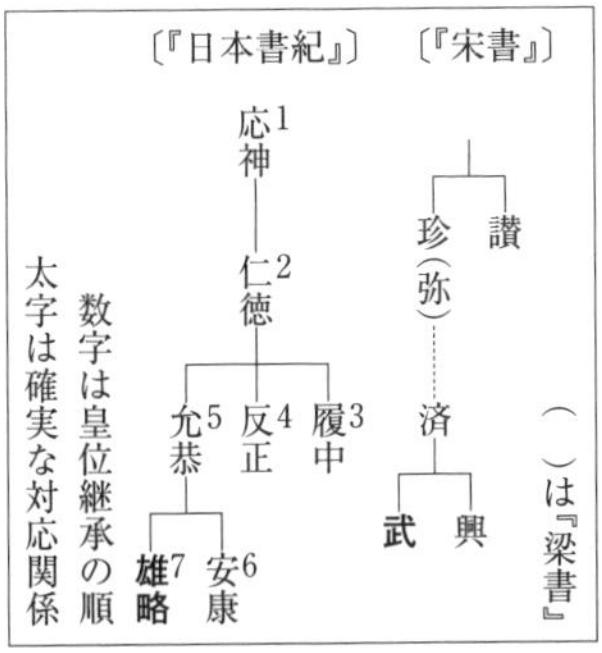


# ④――王位継承方式の模索

## 群臣推戴と先帝遺詔

天武の死直後の持統臨朝称制《りんちょうしょうせい》~四年後の即位儀~六九六(持統十)年の軽立《かるりっ》太子《たいし》・即位(文武《もんむ》)~文武と持統太上《だいじょう》天皇の共治、という一連の過程は、王位継承方式転換の大きな画期をなしている。そのことを理解するために、世襲王権成立前後から壬申の乱の前までを、段階を追ってみていこう。

### 非世襲・複数王系間での抗争――五世紀末以前

豪族《ごうぞく》の実力抗争のなかから、有力な複数の王系ができつつあった。とはいっても、そのそれぞれの内部で世襲原理が成立しているということではない。五世紀に中国の王朝に遣使《けんし》したいわゆる「倭《わ》の五王《ごおう》」の系譜についていうと、中国史書は、朝貢《ちょうこう》してくる周辺諸地域の王を中国的な「父子継承」の理念にそって前王の「子」と記録した疑いが濃い。従来から注目されている珍《ちん》と済《せい》のあいだの〝断絶〟だけではなく、『宋書《そうしょ》』が記す「子」や「弟」についても、必ずしも父子・兄弟の続柄を示すとはいえないのである(義江二〇一一)。当時の倭王権《わおうけん》にとって

▼**冊封**　中華思想に立つ中国の外交政策の一つ。皇帝が近隣の諸国／諸地域の君長《くんちょう》に爵号をあたえ、名目的な君臣関係に組み入れた。倭については、漢《かん》以降、「漢倭奴国王《かんのわのなのこくおう》」、「親魏倭王《しんぎわおう》」卑弥呼《ひみこ》、倭の五王が知られる。



冊封《さくほう》▲のもつ重要性を考えると、中国の王朝によって「倭王」に任命された者が正当な継承者として国内でも認められた、という構造をみてとるべきだろう。〝王統断絶〟という観念自体が、まだ存在しない段階である。

## 世襲王権の成立と群臣推戴――六世紀初め以降

応神《おうじん》五世孫として即位したとされる継体《けいたい》以降、その子孫によって大王位は継承されていく。継体自身は、旧来の方式にそって実力抗争を勝ちぬき即位した王である。しかしその後、子孫が世襲王権を形成するにともなって過去にさかのぼる一系的な王統譜がつくりだされ、「応神五世の孫」という主張が記紀《きき》に定着した。継体以降の継承をみてみると、兄弟姉妹ないし世代内継承が中心である。しかし、血統上の継承原則があって自律的に王位継承がなされたのではない。世襲王権成立の前後を通じて、五～七世紀の王権の基本構造として、「群臣《ぐんしん》が治天下大王《ちてんかおおきみ》を選出し、選出された新王が群臣を承認／任命する」というシステムが存在した（吉村一九九一）。このシステムのもとで、世襲王権成立後は血統上の資格をもつ複数候補者に選定範囲がしぼられ、そのなかから統率力などの資質に基づき有力豪族が選定／承認した者が、レガリア（王位を象徴する宝器)を献上されて即位したのである。

例を示すと、継体は、「枝孫《みあなすえ》の中から妙《くわ》しく簡《えら》ぶと、賢者《さかしきみこ》は男大迹王《おほどのみこ》だけだ」として、群臣が奉じる「天子の鏡劒の璽符《みしるし》」を受けて即位し(継体元年正月甲子条・二月甲午条)、推古《すいこ》も、崇峻《すしゅん》暗殺後に群臣の再三の「請《こい》」を受け、「天皇の璽印」を奉呈されて即位した(推古即位前紀)。史実か否かではなく、『日本書紀《にほんしょき》』がそのようなものとして大王決定にいたる過程を描いているところに、当時の王権構造を読みとることができる。

## 先帝遺志の萌芽――七世紀以降

推古は三九歳で即位し、三七年の治世ののちに七五歳で没し、次の大王《おおきみ》を示唆する「遺詔《いしょう》」を残した。次代大王を選定する群臣会議は、推古の「遺詔」の解釈をめぐって紛糾した。現実には蘇我大臣蝦夷《そがのおおおみえみし》の意向にそって会議は進められたが、「天皇の遺命に従うのみ。さらに群臣《まえつきみたち》の言《こと》を待つべからず」との言葉を群臣の一人が発していることが注目される(舒明《じょめい》即位前紀)。敏達《びだつ》のキサキだった一七年を加えると、推古は実に五四年の長きにわたって王権中枢部にあったことになる。当時の大王の資質としては年齢と経験が重視され、即位年齢もほぼ四〇歳以上であったことは、すでに述べた（八ページ参照）。しかも推古の治世には、遣隋使《けんずいし》の派遣、仏教の積極的導入など、国家の基本的進路にかかわる大きな選択がいくつもなされている。長年の統治実績をもつ推古の遺言は、群臣によって重んぜられ、従来の群臣推戴システムを内部から突きくずしていくきっかけとなったのである。

### 先帝譲位の開始――七世紀半ば以降

皇極《こうぎょく》は六四五（大化《たいか》元）年の乙巳《いっし》の変《へん》後、弟の軽皇子（孝徳《こうとく》）に譲位した。それまでは終身在位だった大王の、史上初の譲位である。譲位〜即位に際して、群臣の動きはみられない。さらに、孝徳即位の日に皇極は「皇祖母尊《すめみおやのみこと》」▲の号を奉呈された（孝徳即位前紀）。「ミオヤノミコト」は一般的尊称であって、のちの太上天皇のような制度的なものではないが、奉呈の儀式をへることで称号の意味をもち、譲位後も長老女性として王権に関与する地位を獲得したのである。孝徳治世の末年、王権内部に対立状況▲が生まれると、中大兄《なかのおおえ》（天智《てんじ》）はつねに「皇祖母尊」を奉じて同母の弟妹（大海人《おおあま》、孝徳キサキの間人《はしひと》）と同一行動をとっている。六五四（白雉《はくち》五）年十月に、難波宮《なにわのみや》で孝徳が没すると、翌年正月に「皇祖母尊」皇

▼**皇祖母尊**　難波宮跡北西部から「王母前」と書かれた木簡が出土している。孝徳末年のものらしい。皇極に奉呈された称号は「王母《みおや》」尊で、「皇祖母」はのちの追記かもしれない。

▼**王権内部の対立**　六五三（白雉四）年、倭京に遷ることを求める中大兄は、皇祖母尊・間人皇后を奉じ、皇弟（大海人）などを率いて、倭の飛鳥河辺行宮に居した。公卿大夫《まえつきみたち》・百官《つかさつかさのひと》人も皆これに随い、孝徳は難波宮に取り残された。

極はふたたび位に即いた(斉明《さいめい》)。継承者をめぐる先帝遺志の解釈・実行を群臣の判断に委ねた推古の段階から一歩進んで、皇極の譲位は、先帝が王位継承に確実に関与し続けるシステムの創始につながったのである。

## 吉野誓盟から持統の権力掌握まで

壬申《じんしん》の乱《らん》という全面的な武力衝突をへて即位した天武は、実力抗争を勝ちぬき統率者としての優れた資質を示したことで、「大君《おおきみ》は神にしませば」と詠《うた》われるようなカリスマ性を獲得し、強力な政策の実行を可能とした。しかし血統上の有資格者たちによる実力抗争、そこで資質を示し群臣の支持をえた者が次の王たりうる、という構造は依然としてそのままである。母を異にする諸皇子の拮抗状態は将来の抗争を予想させた。

六七九(天武八)年、天武は、皇后、草壁《くさかべ》・大津《おおつ》・高市《たけち》・川嶋《かわしま》・忍壁《おさかべ》・芝基《しき》の成人した六皇子とともに、吉野宮《よしののみや》で誓盟《せいめい》を行った。六人の皇子のうち、川嶋と芝基は天智の息子である。天皇は「朕《わ》が男《こ》ども、おのおの異腹《ことはら》にして生まれたり。しかれども今、一母同産《ひとつおもはらから》の如く慈《めぐ》まむ」と述べて、六人を懐にいだいた。

皇后も同様に盟《ちか》った。古代においては、父方・母方の双方を重んじる双系的親族構造と別居訪問婚の特質を反映して、母子の絆が強い。母が異なるミコたちは、同母ごとにキサキの宮を拠点として政治的・経済的に緊密なまとまりをなし、異母の兄弟姉妹とは対立関係になりがちだった。対立がもっとも鮮明にあらわれるのは、王位継承の場においてである。吉野での誓盟は、将来の争いを防ぐためのものにほかならない。〝異腹であっても皇后が「母」だ〟と擬制することで、天武とならぶ鸕野《うの》の地位を誇示し、鸕野を母とする草壁を筆頭に位置づけて、諸皇子が争わぬよううながしたのである。

『書紀』は、六八一(天武十)年二月に「草壁を皇太子とし国政を委ねた」と記す。しかし近年の研究では、皇太子制の成立は六八九(持統三)年の飛鳥浄御原令《あすかきよみはらりょう》においてと考えられ、この立太子記事は疑わしい。冠位《かんい》四十八階《かい》での草壁・大津・高市の差はわずかなものでしかなく(四〇ページ参照)、草壁は隔絶した地位を築けてはいなかった。封戸《ふこ》の賜与においても三皇子は同格である(六八六年八月)。大津の母は持統の同母姉大田《おおた》(天智の娘)で、早くになくなったが、血統の尊貴性では大津は草壁にひけをとらない。大津も、六八三(天武十二)年には朝政《ちょうせい》に参画する。婚姻関係からみても、草壁・大津・高市の三皇子は揃って天智と蘇我系キサキのあいだに生まれた皇女を妃《ひ》とし、次世代に向けて同等の立場を確保している（六ページ「天智・天武天皇と蘇我系キサキ略系図」参照）。草壁は皇后の子として筆頭に位置するものの、年齢と経験で高市に劣り、母の血統的尊貴性では大津と同格、という微妙な緊張感をはらんだまま、後継者を明言することなく天武は没した。

六八六（朱鳥《あかみとり》元）年九月九日に天武がなくなると、ただちに鸕野皇后（持統）が「臨朝称制」（即位せずに執政《しっせい》する）という形で全権を掌握した。そして、天武の殯《もがり》が行われている最中の十月二日、大津は「皇太子への謀反《むほん》」を企てたとして、従《じゅう》者《しゃ》ら三〇余人とともに逮捕、翌三日には、訳語田《おさだ》の家で死を賜った。▲時に二四歳。妃の山辺《やまべ》も殉死《じゅんし》した。捕われた者の一人新羅僧行心《しらぎそうこうじん》は、『懐風藻《かいふうそう》』によれば、大津に謀反を勧めたとされる、いわば事件の張本人である。しかし、持統の詔《みことのり》により、「皇子大津の謀反に与《くみ》すれども、朕《われ》、加法《つみ》するに忍びず」として、飛驒国《ひだのくに》の寺に移されるにとどまった。他の従者たちも、一人を除いて皆ゆるされた。「今、皇子大津、已《すで》に滅びぬ。……皆赦《ゆる》せ」という持統の言葉に明らかな

▼**大津の死と大伯**　同母姉の大《おお》伯《く》は、このとき斎宮《いわいのみや》として伊勢にあった（斎宮については二三ページ参照）。『万葉集』には大津を二上山《ふたがみやま》にほうむったときの大伯の歌が伝わる。「うつそみの人なる我《あれ》や　明日《あす》よりは二上山を弟《いろせ》と我《あ》が見む」（一六五番）。

ごとく、大津が死ねばそれで一件落着だったのである。密告したのは吉野誓盟に加わった六皇子の一人、川嶋だという（『懐風藻』河嶋皇子伝）。

推古、皇極＝斉明、持統、さらに元明《げんめい》、元正《げんしょう》、孝謙《こうけん》＝称徳《しょうとく》と輩出する古代の女帝たちは、通常の父子継承が困難だった場合の臨時の「中継ぎ」と説明されることが多い。しかし実際には、同世代のなかでまず男子、ついで女子というのが当時の慣行であり、年少で未熟な男性よりも年齢・資質で優れた年長女性が群臣の支持をえて即位するのは、当然のことだったのである。三一歳で即位した欽明《きんめい》が「余《われ》、幼年《としおさな》く識浅《さとりすくな》くして、いまだ政事《まつりごと》に閑《なら》わず」としていったんは辞退し国政経験豊かな前皇后に譲ろうとした、という『書紀』の記事が示すように（欽明即位前紀）、当時の観念では三一歳でも王としては「幼年」だったことに注意したい。

天武の没時において、高市は三四歳、草壁二五歳、大津二四歳である。高市は天武の長子で、壬申の乱における活躍にはめざましいものがあったが、母が地方豪族出身なので、自身の即位は困難だった。一方、草壁と大津は当時の基準に照らせば、まだ「幼年」である。そうしたなかで、天智の娘で、天武の皇后としての国政経験も積んだ四六歳の持統の即位は、従来の基準に照らせば順当なものである。しかし、ただちに即位できない弱みが持統にはあった。壬申の乱において持統は幼い草壁・大津らとともに桑名《くわな》にとどまり、なんら顕著な活躍を示してはいなかったからである。草壁についてはとくにその資質を伝える史料がないが、大津は、成長するにつれて文武にひいでた偉丈夫《いじょうふ》ぶりを発揮し、人望を集めたという（『懐風藻』大津皇子伝）。優れた資質をもち人望に富むということは、ライバルの側からすれば危険人物である。

　こうした状況のもと、持統は先手を打って臨朝称制し、その権力で大津をほうむり、将来の抗争の芽をつんだ。その果敢な行動で、王としての資質を群臣にみせつけたともいえよう。そして、六八八（持統二）年十一月、長期の殯をおえた天武を檜隈大内陵《ひのくまのおおうちりょう》▲にほうむり、六八九（同三）年四月に草壁病死ののち、六九〇（同四）年一月に正式に即位した。その後は、高市を太政《だいじょう》大臣に任じ、飛鳥浄御原令の施行、藤原京《ふじわらきょう》造営といった大事業を、着々と実施していく。高市を政権の片翼にすえたことは、群臣たちの支持をえるうえで有効だったろう。一方で、壬申の乱の功臣に対する顕彰、天武王権の発祥の地ともいうべき

▼**檜隈大内陵**　明日香《あすか》村の野口《のぐち》王墓《おうのはか》古墳。天武と持統を合葬《がっそう》する。現況では円墳のようにみえるが、本来は五段／四段築成の八角墳だったらしい。舒明以降の大王墓はおおむね八角墳で、他の豪族とは異なる地位を墳墓においても示すようになる。

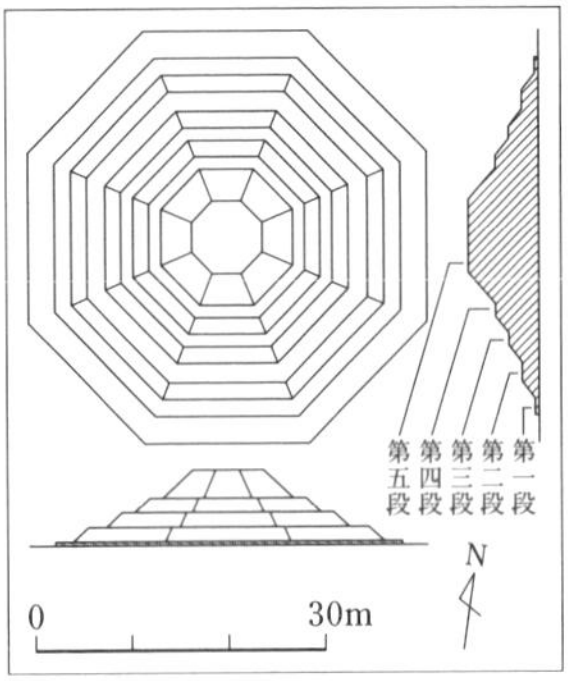


**野口王墓古墳(天武・持統陵)墳丘復原図**(福尾正彦「八角墳の墳丘構造」明日香村教育委員会『牽牛子塚古墳発掘調査報告書』より) 切石で化粧した八角五段の特異な形状。

なお，2014年2月の立入り観察により，「4段＋墓壇」とみる理解が示されている(岸本2014)。

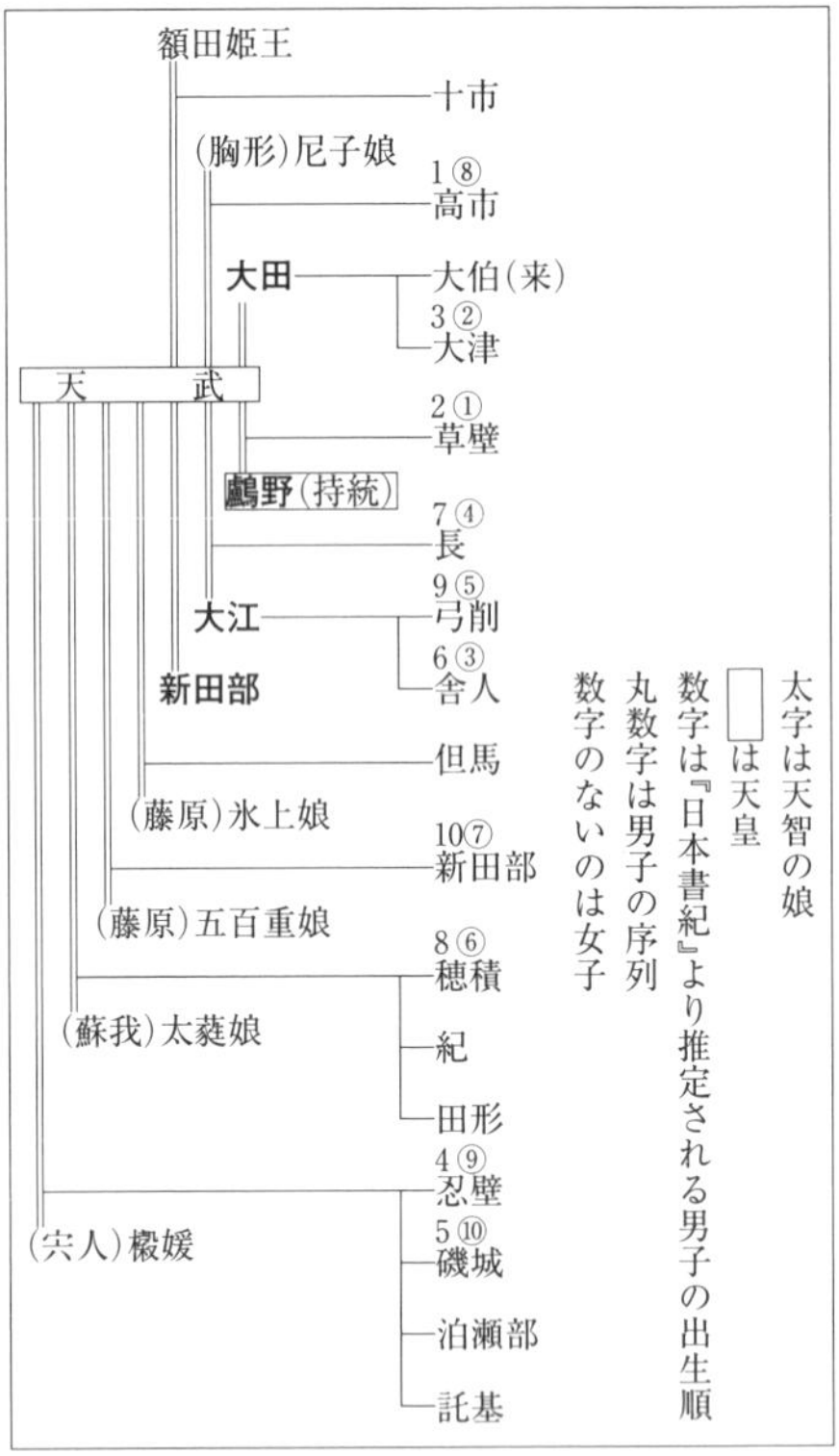


**天武諸子略系図**

**野口王墓古墳**(天武・持統陵。奈良県明日香村)

吉野へのたび重なる行幸《ぎょうこう》、壬申の乱の跡をたどるかのような伊勢《いせ》行幸を行う。こうして持統は、「天渟中原瀛真人《あまのぬなはらおきのまひと》天皇に従いて、難《わざわい》を東国《あづまのくに》に避けたまう。旅《いくさ》に鞠《つ》げ、衆《もろひと》を会《つど》えて、遂に与《とも》に謀《はかりごと》を定む。……皇后、始より今に迄《いた》るまでに、天皇を佐《たす》けまつりて天下を定めたまう」▲（持統即位前紀）と、壬申の乱を天武とともに先頭に立って戦いぬいたかのような自画像をつくりだしていった。

## 持統即位儀の画期性

六八八（持統二）年十一月、二年余りにおよんだ殯をおえて天武を大内陵にほうむるにあたり、諸臣はそれぞれ「己《おの》が先祖《おやたち》等の仕えまつれる状《かたち》」を誄《しのびごと》し、当《たい》麻《まの》智徳《ちとこ》が「皇祖《すめみおやたち》等の騰極《ひつぎ》の次第《ついで》」を誄した。朝廷における諸氏の地位の根源をなす先祖の功績と、代々の皇位継承次第が、亡き天武に奏上されたのである。『古事記《こじき》』『日本書紀』に文字として定着する皇統譜と各氏族の始祖伝承の語りが、固まりつつあったことをうかがわせる。

そして六九〇（持統四）年正月、持統は正式に即位した。その即位の儀は、従来と多くの点で異なる画期的なものであった。

▼**持統紀の文飾**　持統の事績を述べる『日本書紀』の文章には、『後漢書』光武帝紀・馬皇后紀の語句が使われている。

(1)物部麻呂《もののべのまろ》が大盾《おおたて》を樹《た》て、神祇伯中臣大嶋《じんぎはくなかとみのおおしま》が、天神寿詞《あまつかみのよごと》(天の神々による祝福の言葉)を読み上げる。
(2)忌部色夫知《いんべのしこぶち》が、神璽《しんじ》の剣・鏡を皇后(持統)に奉上《ほうじょう》する。
(3)皇后が、天皇位に即く。
(4)公卿百寮《まえつきみつかさつかさ》(群臣)が、列をなして天皇を匝《めぐ》りおがみ、手を拍《う》つ。
(5)翌日、公卿百寮は天皇を拝朝《みかどおがみ》し、丹比嶋《たじひのしま》と布施御主人《ふせのみうし》が、祝辞を奏上《そうじょう》。

天神寿詞の奏上は持統のときに始まり、以後、引き継がれていく。群臣が奉じる「天子の鏡劒の璽符《みしるし》」が「神璽」と呼ばれたのも、このときがはじめてである。持統は、のちの文武即位宣命《せんみょう》では、「高天原《たかまがはら》に事始《ことはじ》めて」神の「依《よさ》し」(委任)を受け「現御神《あきつみかみ》と大八嶋国知《おおやしまくにし》らしめす天皇《すめらみこと》」、とたたえられている。天神の「寿詞」を受けて持統は神から統治を委任された「現御神」となり、臣下から「神璽」を奏上されたのである。「手を拍つ」のは、神に対する拝礼《はいれい》の作法である。これを、六世紀初めの継体のときの、大伴金村《おおとものかなむら》を筆頭とする群臣らが男大迹王《おおどのみこ》を選び、璽符をささげて王となることを請い、それを受けて即位した(七三ページ参照)ことと比べると、レガリア奏上の意義がまったく転換されてしまっていることがわかる。持統の場合には、「現御神」となった持統に、忌部が職務として神璽奉上の儀礼を行い、群臣筆頭たる丹比嶋と布施御主人は即位翌日に祝辞を述べる存在にすぎない。つまり、かつてのレガリア奉呈は即位以前に行われる即位者決定の儀式であり、群臣推戴の象徴であったが、持統はそれを、即位式の儀式の一部に組み込んでしまったのである（熊谷二〇〇二・溝口一九九〇）。

その背景には、天孫降臨神話《てんそんこうりんしんわ》――天からくだされた神の子孫がこの地上の支配者となり代々皇位を継承していく――の成立があろう。持統の諡号《しごう》（死後の贈り名）は、「高天原広野姫《たかまのはらひろのひめ》天皇」▲である。天武が卓越した軍事指導者として獲得した「神性」は、天武の人格と結びついたものだったが、持統はそれを神話による天皇の神的権威として普遍化・体系化したのである。以後、「現御神と大八嶋国知らしめす天皇」は宣命における天皇の自称▲として定着する。

神話とならんでもう一つ、即位儀の転換を可能にしたのは、六八九（持統三）年の浄御原令施行である。これによって官位相当制が定まり、官人たちは天皇の代替わりと関わりなく、あたえられた位を保持し、相当する官職に就き、勤務実績によって昇進を重ねていくことが可能になった。群臣による王推戴→新

▼**持統の諡号**　『続日本紀』が記す、七〇三（大宝三）年十二月に火葬されたときの諡《おくりな》は「大倭根子天《おおやまとねこあま》之広野日女尊《のひろのひめのみこと》」。『書紀』が完成奏上される七二〇（養老《ようろう》四）年までの間に、改められたのだろう。

▼**天皇の自称**　養老公式令《くしき》（公文書の様式などを規定）の定める詔書冒頭の天皇表記は「明神《あらみかみ》と御宇《あめのしたし》らす日本の天皇／明神と御大八州《おおやしまのくにし》らす天皇／明神と御大八州らす天皇」。

王による群臣の任命という、それまでの一代ごとの相互依存関係にかわって、制度に支えられた君臣関係が確立し、レガリア奉上の意義を失わせたのである（遠藤二〇〇八）。三年余の称制は、新しい即位儀をつくりだすために必要な準備期間だったともいえよう。

ただし、これによって群臣が〝えらぶ〟という要素がなくなったのではない。浄御原令では皇太子制が規定され、以後は、皇太子選定をめぐる群臣の関与／承認をめぐって、問題は展開していく。

## 「定策禁中」と譲位

六九六（持統十）年七月に、「後皇子尊《のちのみこのみこと》」▲と称せられ持統の片腕として国政を支えてきた高市が四三歳で没すると、待ち構えていたかのように、翌六九七（文武元）年八月一日に、持統は「策を禁中《きんちゅう》に定めて」皇太子（軽）に譲位した。文武天皇である。『日本書紀』三〇巻は、この記事で幕をおろす。しかし『続日本紀《しょくにほんぎ》』文武即位前紀に「高天原広野姫天皇の十一年、立ちて皇太子となりたまう」とあるものの、『日本書紀』には軽立太子の記載がない。わずかに、同年二月の東宮《とうぐう》

▼**後皇子尊**　『書紀』の高市薨去《こうきょ》記事における称。ほかに、『万葉集《まんようしゅう》』一六九番歌の左注にも「後皇子尊」、子孫などの解状（『類聚三代格《るいじゅうさんだいきゃく》』巻一、寛平《かんぴょう》五〈八九三〉年十月二十九日太政官符《だいじょうかんぷ》）に「高市皇子命」とある。「命／尊」は特別の尊貴性をあらわす。草壁は「皇子尊」（持統三〈六八九〉年四月乙未条の薨去記事）。

役人任命と、三月の無遮大会《むしゃだいえ》を春宮《とうぐう》で行ったという記事から、これ以前に軽を皇太子に立てたのだろうと推測できるにすぎない。二月十六日に立太子したという『釈日本紀《しゃくにほんぎ》』の記事を信じるとすれば、立太子後わずかに半年で即位したことになる。あまりにもあわただしく不自然な運びである。時に軽は一五歳。当時の天皇の即位年齢としては、とびきり若い。高市亡きあとも、忍壁・舎人《とねり》・弓削《ゆげ》など、軽の上世代の天武皇子たちは大勢いた。弓削・舎人の母は天智の娘である。これまでの即位慣行からいえば、軽が即位できる条件はない。

『懐風藻』によると、高市の死後、持統は群臣を「禁中」に集めて日嗣《ひつぎ》を立てることをはかった。群臣はそれぞれに意中の皇子を推してまとまらなかったが、葛野王《かどのおう》（壬申の乱で敗れた大友《おおとも》の息子。母は天武の娘）が「神代《じんだい》以来、子孫相承《そうしょう》がわが国の法だ。兄弟相承すれば乱となる」と説き、なにかいいかけた弓削を一喝《いっかつ》して黙らせたという。もちろん、「神代以来、子孫相承してきた」というのは史実ではない。非世襲から世襲になっても、兄弟／同世代継承が通例だった。しかし『日本書紀』は、初代神武《じんむ》以降の伝承上の王たちを父子相承として描いている。葛野王の言葉は、『日本書紀』に〝正しい歴史〟として定着することになる新しい継承観を踏まえてのものだった。持統はその一言が「国を定めた」として、おおいに褒《ほ》めたという。持統の権威をもってしても一存で継承者を決定することはできず、群臣にはかるという手続きが必要だったこと、歴史書の編纂が〝歴史をつくりだす〟営みでもあったことを、よくものがたる挿話である。

持統から文武への譲位は、文武の即位宣命のなかで次のように語られている。

「天《あま》つ神《かみ》の御子《みこ》」として、高天原《たかまがはら》に坐《ま》す神の「依《よさ》し」(委任)をうけた「現御神《あきつみかみ》」

＝持統が、文武に、天皇位を**授け賜う**

持統の地位の正当性は、天神の委託を受けた「天つ神の御子」という点にあり、その持統の譲り(授け)によって、文武の即位は正当化された。持統の即位が夫天武や父天智との関係で語られていないこと、また、文武即位が父草壁との関係から説かれていないこと、に注目したい。高天原神話が完成するのは持統のときである。持統は、天武の死後ただちに権力を掌握した実行力、治世中の多くの事績、みずからが完成した神話の権威を背景に、天武諸皇子やそれを支持する群臣の不満を抑え込んで、一五歳の軽への譲位を実現したのである。

## 太上天皇持統とその死

譲位後も、持統は文武と「並び坐《いま》して」天下をおさめた。持統による文武の後見、二人の共治体制は、大宝令において太上天皇として制度化され、持統は初代の太上天皇となった。日本の太上天皇は、中国の「太上皇」とは異なり、天皇と等しい権力・権威をもつ。ここにおいて、皇極の譲位に始まる、先帝による王位継承者の選定と引き続いての王権関与は、制度的保証をえて確立したのである。六世紀以来の歴史を振り返ってみれば、実力奪取・群臣推戴・先帝遺(意)志の三方式が絡まりつつ、しだいに王権側の自律的王位継承が実現していったことがわかる。

しかし、持統の文武への譲位は、次の代には異なる様相で描きなおされることになる。一五歳で即位した文武は、七〇七(慶雲《けいうん》四)年六月に二五歳で没した。そのあとには、母の阿閇《あへ》が文武の「遺詔」により天皇位を継いだ。元明天皇である。息子から母への譲位とは、いかにも奇妙なことに思われるかもしれない。だが、阿閇は、文武治世の後半には、大宝令の規定に基づく「皇太妃」▲の公的地位をえて、持統亡きあとの文武後見を行っていたと推定される。天智の娘で、

▼**皇太妃**　天皇の母に対する称号《こう》の一つ。先帝の皇后であれば皇太后《たいごう》、妃ならば皇太妃、夫人ならば皇太夫人となり、三者は待遇において同等。大宝令完成まもなくの七〇一(大宝元)年七月、阿閇は「皇大妃」としての封をえた。藤原宮出土の木簡に「皇太妃宮職」「皇太妃宮舎人」と記したものがあり、皇太妃のための役所が設置されたことがわかる。

国政経験を積んだ四七歳の阿閇の即位は、当時の通念からすれば、ことさらに違和感のあるものではなかった。ただし、元明即位宣命では、過去の持統から文武への譲位が次のように描かれている。

「藤原宮《ふじわらのみや》に御宇《あめのしたしら》しし倭根子天皇《やまとねこのすめらみこと》」＝持統が、天智の定めた不改常典《あらためざりしつねののり》にそって、「日並所知《ひなみししらす》皇太子《ひつぎのみこ》（草壁）の嫡子」＝文武に、天皇位を**授け賜い**、その文武が、元明に、天皇位を**譲り賜う**

元明即位宣命には、文武即位宣命にはなかった、文武は「皇太子の嫡子」であるという文言と、持統から文武への譲りは天智が立てた「不改常典」にそって行われた、という説明があらたに加わった。なぜか？　そもそも、先帝意志による譲位（次代の選定）は、年齢・資質・事績における重みを先帝がもっていてこそ、群臣を納得させることができる。しかし、一五歳で即位し二五歳でなくなった文武には、それだけの権威は備わっていなかった。そのため、「皇太子」「嫡子」「不改常典」というあらたな権威づけの文言が動員されたのである。

「皇太子の嫡子」として即位した、という血縁に基づく即位正当化の文言は、このときにはじめて登場し、以後、聖武即位宣命では「父文武からの譲り」として聖武即位が正当化される。持統の即位が「天神の依し」としてのみ語られたのとは、明らかに様相が異なる。神話的継承観から血統的継承観への転換をみてとることができよう。

なお、天智に仮託▲された「不改常典」については諸説あるが、先帝意志による譲位を定めたものというのが、近年の有力な解釈である。

六八一（天武十）年に草壁を皇太子としたとする『書紀』の記事が疑わしいことは、すでに述べた（七六ページ参照）。万葉歌《まんようか》の世界で、天下をおさめるはずであった「日並《ひなみし》皇子尊《みこのみこと》」として草壁を詠《うた》いあげることは、草壁の死後に始まるという（神野志一九八一）。『書紀』の立太子記事は、こうした草壁の権威（そこから導きだされる息子文武の権威）を高めるための一連の動きの結果、とみるべきだろう。それにしても、文武から元明への譲位を述べるのに、まず持統の譲位から語り起こしていることが注目される。奈良時代初頭における持統の権威は、それほどに強大なものであった。

高市亡きあと、持統の片腕となったのは藤原《ふじわらの》不比等《ふひと》である、不比等は六八九（持統三）年に直広肆《じきこうし》（従五位下《じゅごいげ》相当）判事として、史料上にはじめてみえる。こ

**▼天智への仮託**　天智の権威の浮上は、六九九（文武三）年の山陵修復に始まる。以後も、奈良時代の貴族《きぞく》の意識においては、天智は律令国家体制の基点と認識されていた（藤堂一九九八）。天智権威の浮上は、元明（天智の娘）の権威を高め、「大化改新」で天智を助けたとされる鎌足（不比等の父）の顕彰にも通じる。

の時点ではまだ少壮官僚の一人にすぎない。しかし、高市の死から三カ月後の六九六（持統十）年には、右《う》大臣・大納言《だいなごん》につぐ扱いを受け、政権中枢の一端を担う位置に躍進する。そして、文武即位後の六九八（文武二）年には、藤原姓は不比等の子孫だけが受け継げ、との詔▲がだされた。これは、不比等とその直系の子孫だけが、乙巳の変とその後における鎌足《かまたり》の功績の継承者として認められたということを意味する。不比等の娘宮子《みやこ》は、文武の即位と同時にキサキの一人となった。宮子の生んだ首《おびと》皇子がのちの聖武天皇である。不比等の急速な台頭の背景には、高位の女官《にょかん》で阿閇（元明）の信任厚かった県犬養三千代《あがたいぬかいのみちよ》▲との結婚があったとみられ、以後、三千代と不比等の夫妻は、元明の治世を支え、政界での位置を築き上げていく（義江二〇〇九）。二人のあいだに生まれた光明子《こうみょうし》は、のちに聖武の皇后になる。

七〇一（大宝元）年八月、大宝律令が完成し、選定の功によって刑部《おさかべ》親王・藤原不比等らに禄を賜った。律と令の両者が備わり、ここで名実ともに律令国家の基礎がすえられたのである。浄御原令までは朝鮮諸国の制度の影響も色濃くみられたが、大宝律令では唐律令の体系的な摂取がなされたらしい（三〇ページ

▼**藤原姓の継承**　従来は、鎌足直系ではない意美麻呂《おみまろ》らも藤原姓を名乗っていたが、この詔によって旧姓の中臣に戻された。藤原氏＝不比等家の成立である。

▼**県犬養三千代と元明**　元明は、即位翌年の七〇八（和銅《わどう》元）年十一月大嘗の宴で、「浄御原朝廷から藤原大宮に及ぶまで」歴代に仕えた功績をたたえて、三千代に「橘《たちばな》姓」を賜った。のち、三千代の息子葛城王《かずらきおう》らはとくに願い出て母姓を継ぎ、橘氏を創始する。

参照)。これに先立つ同年一月には、三〇年ぶりの遣唐使《けんとうし》任命があった。唐との交流を遮断してきた天武朝以来の外交方針からの大きな転換であり、律令編纂とともに、政権内部での相当の熟慮と準備期間があったとみなければならない。律令が諸国に頒ちくだされた七〇二(大宝二)年の十月から十一月にかけて、持統は太上天皇として東国《とうごく》に行幸し、諸国で租《そ》・調《ちょう》を免じ、郡司《ぐんじ》・百姓《ひゃくせい》に賜封《しふう》賜禄《しろく》などを行い、東国行幸から帰京してまもなくの十二月に没した。

持統の治世を振り返ってみると、その前半では天武の着手した事業を受け継ぎ浄御原令・藤原京を完成させたが、そこにとどまることなく、後半には軽への譲位、太上天皇制の創始によって王権の安定を実現し、唐と直接に向きあう外交への転換の道筋をつけ、大宝律令の完成とその施行に力をつくしたといえよう。遺詔で薄葬《はくそう》を命じた持統は、翌七〇三(大宝三)年十二月、天皇としてははじめての火葬ののち、天武の眠る大内陵に合葬された。

## 歴史書の編纂と国際認識

六八九（持統三）年五月、持統は「新羅《しらぎ》、元来《もとより》奏《もう》して云《もう》さく、『我が国は、日本《やまと》の遠つ皇祖《みおや》の代《みよ》より、舳《へ》を並べて楫《かじ》を干さず奉仕《つかえまつ》れる国なり』と。而るを今一艘のみあること、亦故《ふる》き典《のり》に乖《たが》へり」として、新羅からの朝貢《ちょうこう》の品を突き返した。もちろん、新羅が「遠つ皇祖の代より」船を連ねて欠かさず日本に朝貢してきた、というのは史実ではない。しかし、こうした文言をもって新羅の「無礼」をとがめ、あるいは逆に忠誠を褒《ほ》めることは、その後も繰り返された。七〇六（慶雲《けいうん》三）年十一月、文武《もんむ》は新羅国王に賜う勅書で「王、世《よ》に国の境に居《お》りて、人民を撫寧《ぶねい》し、深く舟を並ぶる至誠を秉《と》りて、長く朝貢の厚き礼を脩《おさ》む」と述べている。いうまでもなく、これは日本の側の一方的な歴史認識だが、その典拠とされたのは、記紀《きき》に定着したいわゆる神功《じんぐう》皇后の「三韓征伐」である。

　天武・持統の五代の子孫にあたる孝謙《こうけん》は、七五二(天平勝宝《てんぴょうしょうほう》四)年六月、「新羅国、来りて朝庭《みかど》に奉ることは、気長足媛皇太后《おきながたらしひめのおおきさき》の彼《か》の国を平定《たいら》げたまいしより始まりて、今に至るまで、我が蕃屏《ばんぺい》となる」と、その歴史的由来を新羅王子ら一行に示し、旧来の無礼を悔いて王子らが朝貢に来たことを賞した。ここで「気長足媛皇太后(神功皇后)の彼の国を平定げたまいしより始まりて」というのは、『日本書紀《にほんしょき》』の神功摂政《せっしょう》前紀に、倭《わ》の大軍を前に戦わずして降服した新羅王が「船柂《ふねかじ》を乾さずして」朝貢することを誓い、「常に八十船《やそふね》の調《みつき》を以《もっ》て日本国《わがみかど》に貢《たてまつ》る、其れ是の縁《ことのもと》なり」とあることをさす。『古事記《こじき》』仲哀記《ちゅうあいき》でも、新羅国王は「今より以後《のち》……年毎《としごと》に、船を双《なら》べて、船腹《ふなばら》を乾さず、柁檝《さおかじ》を乾さず、天地《あめつち》と共に、退《や》むことなく仕へ奉らん」と述べたことになっている。

　七世紀の後半、長く続いた朝鮮三国の対立から、新羅・唐連合軍による高句《こうく》麗《り》・百済《くだら》滅亡、新羅による朝鮮半島統一にいたる激動の過程を通じて、倭と新羅はつねに緊張と対立の関係にあった。最終局面である白村江《はくそんこう》の戦いで両者は全面衝突し、倭は大敗する。その後の倭国内における危機意識の高まりが、壬《じん》中《しん》の乱《らん》の勝者天武のもと、防衛体制と中央集権国家の建設に向けての支配層の急速な結束につながったことは、本書でみてきたとおりである。しかし、その後の新羅と唐《とう》との対立によって、倭との接近の必要に迫られた新羅は、天武・持統朝を通じて頻繁に「朝貢」使を派遣し、低姿勢の外交に終始した。しかし新羅と唐との関係が安定するにつれて、当然のことながら、新羅の対応は変わってくる。対等の関係を求める新羅と倭改め日本とのあいだでは、外交儀礼をめぐる衝突が繰り返され、奈良時代末には両国の正式の交通はとだえる。

神功皇后伝説の形成にはそれなりの経過があるが、現在みる形で記紀に定着するには、天武・持統朝から奈良時代前期にかけて一時的に現実のものとなった新羅による朝貢の継続が、大きく影響しているとみなければならない。天武と持統は古代国家の確立に力をつくし、それは律令《りつりょう》国家体制として実を結んだ。歴史書の編纂も、天武が着手し、七一二（和銅《わどう》五）年に『古事記』、七二〇（養《よう》老《ろう》四）年に『日本書紀』として完成した。そこに文字として定着した「三韓征伐」「世々の朝貢」の物語は、その後もしばしば時代状況に応じて亡霊のように甦り、庶民の歴史意識にも浸透して近代にいたる。

義江明子『県犬養橘三千代』人物叢書，吉川弘文館，2009年
義江明子『古代王権論　神話・歴史感覚・ジェンダー』岩波書店，2011年
義江（浦田）明子「編戸制の意義」『史学雑誌』81―2，1972年
吉川真司『シリーズ日本の古代史③　飛鳥の都』岩波新書，2011年
吉田孝『大系日本の歴史 3　古代国家の歩み』小学館ライブラリー，1992年（初出1988年）
吉村武彦『日本の歴史③　古代王権の展開』集英社，1991年

**図版所蔵・提供者一覧**（敬称略，五十音順）

明日香村教育委員会　　p. 52
橿原市教育委員会　　扉
四天王寺・京都国立博物館　　p. 29
太宰府市教育委員会　　p. 38
東京国立博物館・Image: TMN Image Archives　　p. 58右
奈良文化財研究所　　カバー表，p. 36，54，55，57，58左，63上・下，64，67
四日市市教育委員会　　p. 22
著者撮影　　p. 12，80下

参考文献

青木和夫「浄御原令と古代官僚制」『日本律令国家論攷』岩波書店, 1992年(初出1954年)
石母田正『日本の古代国家』岩波モダンクラシックス, 2001年(初出1971年)
市大樹『飛鳥の木簡—古代史の新たな解明』中公新書, 2012年
今泉隆雄「「飛鳥浄御原宮」の宮号命名の意義」『古代宮都の研究』吉川弘文館, 1993年(初出1985年)
榎本淳一「日本古代における仏典の将来について」『日本史研究』615, 2013年
遠藤みどり「七, 八世紀皇位継承における譲位の意義」『ヒストリア』209, 2008年
大隅清陽『律令官制と礼秩序の研究』吉川弘文館, 2011年
大津透「貢納と祭祀」『古代の天皇制』岩波書店, 1999年
大津透編『律令制研究入門』名著刊行会, 2011年
大平聡「日本古代王権継承試論」『歴史評論』429, 1986年
小澤毅『日本古代宮都構造の研究』青木書店, 2003年
河上麻由子『古代アジア世界の対外交渉と仏教』山川出版社, 2011年
川崎庸之『天武天皇』岩波新書, 1952年
岸俊男『日本古代宮都の研究』岩波書店, 1988年
岸本直文「野口王墓古墳への立入り観察」『ヒストリア』243, 2014年
木下正史『藤原京』中公新書, 2003年
熊谷公男「持統の即位儀と「治天下大王」の即位儀礼」『日本史研究』474, 2002年
倉本一宏『戦争の日本史２　壬申の乱』吉川弘文館, 2007年
倉本一宏『歴史の旅　壬申の乱を歩く』吉川弘文館, 2007年
神野志隆光「〈日雙斯皇子命〉をめぐって」『柿本人麻呂研究』塙書房, 1992年(初出1981年)
坂上康俊「大宝律令制定前後における日中間の情報伝播」『日中文化交流史叢書２　法律制度』大修館書店, 1997年
坂上康俊「嶋評戸口変動記録木簡をめぐる諸問題」『木簡研究』35, 2013年
佐々田悠「律令制祭祀の形成過程—天武朝の意義の再検討」『史学雑誌』111—12, 2002年
篠川賢『日本古代の歴史２　飛鳥と古代国家』吉川弘文館, 2013年
鈴木靖民『倭国史の展開と東アジア』岩波書店, 2012年
藤堂かほる「天智陵の営造と律令国家の先帝意識」『日本歴史』602, 1998年
東野治之『遣唐使と正倉院』岩波書店, 1992年
直木孝次郎『持統天皇』人物叢書, 吉川弘文館, 1960年
直木孝次郎『壬申の乱　増補版』塙選書, 1992年
中村太一「藤原京と『周礼』王城プラン」『日本歴史』582, 1996年
仁藤敦史『女帝の世紀　皇位継承と政争』角川選書, 2006年
仁藤敦史『都はなぜ移るのか　遷都の古代史』歴史文化ライブラリー, 吉川弘文館, 2011年
野村忠夫『古代の美濃』教育社歴史新書, 1980年
溝口睦子「神祇令と即位儀礼」黛弘道編『古代王権と祭儀』吉川弘文館, 1990年
森公章「倭国から日本へ」『日本の時代史３　倭国から日本へ』吉川弘文館, 2002年
義江明子『日本古代の氏の構造』吉川弘文館, 1986年

| | | | | |
|---|---|---|---|---|
| | | | | 難波複都の制 |
| 684 | 天武13 | 54 | 40 | *3*- 宮室の地を定む。閏*4*-「凡そ政要は軍事なり」。*10*- 八色姓。*12*- 大唐学生土師甥ら帰国 |
| 685 | 14 | 55 | 41 | *1*- 冠位四十八階。*11*- 軍器を郡家に収公 |
| 686 | 朱鳥元 | 56 | 42 | *7*- 宮号を飛鳥浄御原宮と改む。*9*- 天武没。殯宮で諸司の誄。皇后，臨朝称制。*10*- 大津，謀反発覚で死 |
| 688 | 持統2 | | 44 | *11*- 天武を大内陵に埋葬。先祖らの仕えた状，皇祖らの騰極次第を誄。*12*- 蝦夷男女に飛鳥寺の西の槻の木の下で饗す |
| 689 | 3 | | 45 | *2*- 藤原史(不比等)，判事として初見。*4*- 草壁没。*5*- 新羅弔使の違例を咎む。*6*- 飛鳥浄御原令班賜(天皇号・皇后・皇太子規定ありか) |
| 690 | 4 | | 46 | *1*- 持統即位。*4*- 考選年限。氏姓大小により授位。*7*- 朝服着用。高市を太政大臣に。*9*- 戸令により造籍(庚寅年籍)。*10*- 藤原宮地をみる |
| 691 | 5 | | 47 | *2*- 父母の子を売るを禁ず。*10*- 新益京鎮祭。*11*- 大嘗。*12*- 新京で宅地班給 |
| 692 | 6 | | 48 | *1*- 伊勢行幸 |
| 694 | 8 | | 50 | *11*- 金光明経を諸国に送り転読。*12*- 藤原宮に遷る |
| 696 | 10 | | 52 | *7*- 高市没。*10*- 藤原不比等に資人50人 |
| 697 | 文武元 | | 53 | *2*- 東宮役人任命(軽皇子を皇太子に)。*8*- 策を「禁中」に定め譲位。即位宣命で持統が文武に「授け賜う」と。藤原宮子を夫人に |
| 698 | 2 | | 54 | *8*- 藤原姓は不比等子孫に限る。*11*- 践祚大嘗 |
| 699 | 3 | | 55 | *10*- 斉明陵・天智陵修造 |
| 701 | 大宝元 | | 57 | *1*- 大極殿で朝賀。「文物の儀，是に備わる」。遣唐使任命(唐に日本国号を告ぐ)。*3*- 大宝年号。新令で位階改定。不比等，大納言に。*7*- 壬申年の功封規定。*8*- 大宝律令選定(太上天皇・皇太妃・女帝子規定あり)。刑部親王・藤原不比等らに賜禄。この年，宮子，首皇子を生む |
| 702 | 2 | | 58 | *1*- 礼服・朝服着用。*4*- 国造の氏を定む。*9*- 664年以降に賜姓された氏は氏上を申告。*10*- 持統太上天皇，東国行幸。*12*- 持統没 |
| 703 | 3 | | | *12*- 持統に「大倭根子天之広野日女尊」と諡。天武の大内陵に合葬 |
| 707 | 慶雲4 | | | *4*- 草壁忌日を国忌に。*7*- 元明即位宣命で，持統の譲位を，天智の「不改常典」により「皇太子(草壁)嫡子(文武)」に「授け賜う」と描きなおす |
| 720 | 養老4 | | | *4*-『日本書紀』奏上。持統の諡は「高天原広野姫」 |

## 天武天皇・持統天皇とその時代

| 西暦 | 年号 | 齢 天武 | 齢 持統 | おもな事項 (疑わしい記事もあるが，『日本書紀』の記載に準拠) |
|---|---|---|---|---|
| 631 | 舒明3 | 1 | | この頃，大海人皇子誕生か。父舒明，母皇極 |
| 645 | 大化元 | 15 | 1 | 鸕野讃良皇女誕生。父天智，母蘇我遠智娘 |
| 661 | 斉明7 | 31 | 17 | *1*- 百済復興救援の西征軍に随い両者とも筑紫へ。*7*- 斉明没，天智称制 |
| 662 | 天智元 | 32 | 18 | 鸕野，草壁を娜の大津宮で生む |
| 663 | 2 | 33 | 19 | *8*- 倭国軍，白村江で大敗 |
| 664 | 3 | 34 | 20 | *2*- 大皇弟大海人，冠位二十六階と氏上・民部・家部を宣す |
| 665 | 4 | 35 | 21 | (乙丑年の「大山五十戸」木簡) |
| 667 | 6 | 37 | 23 | *3*- 近江遷都 |
| 668 | 7 | 38 | 24 | *1*- 天智即位。*9*- 以後しばしば，新羅，調を進む |
| 670 | 9 | 40 | 26 | *2*- 造籍(庚午年籍) |
| 671 | 10 | 41 | 27 | *1*- 大友皇子，太政大臣。大皇弟大海人，冠位・法度を宣す。*11*- 唐使郭務悰来る。*12*- 天智，近江大津宮で没 |
| 672 | 天武元 | 42 | 28 | *6*- 大海人，吉野から東国へ。壬申の乱。天照大神望拝。*7*- 大友皇子自害し，乱終結。*9*- 大海人，飛鳥岡本宮へ |
| 673 | 2 | 43 | 29 | *2*- 大海人，即位。鸕野皇后。*4*- 大来皇女を斎宮に。*5*- 大舎人・宮人の出仕の制。以後，しばしば壬申功臣への贈位。閏*6*- 新羅使に「新たに天下を平げ，初めて即位す」と告ぐ。*12*- 大嘗。造高市大寺(大官大寺)司任命 |
| 675 | 4 | 45 | 31 | *2*- 664年に諸氏にあたえた部曲廃止。*4*- 広瀬・龍田祭，以後恒例。*10*- 官人に武備を命ず |
| 676 | 5 | 46 | 32 | *4*- 畿外豪族の出仕の制。*10*- 相嘗。*11*- 諸国で金光明経・仁王経講説。この年，新城に都をつくろうとし果たさず |
| 678 | 7 | 48 | 34 | *10*- 内外文武官の史以上，年ごとに考選 |
| 679 | 8 | 49 | 35 | *1*- 兄姉以上・氏長以外および卑母への拝礼禁止。*5*- 皇后・6皇子と吉野宮で誓盟。*8*- 氏女の制 |
| 680 | 9 | 50 | 36 | *4*- 寺封は30年を限る。飛鳥寺はとくに官寺に準ず。*11*- 持統の病により薬師寺建立発願 |
| 681 | 10 | 51 | 37 | *2*- 天武と持統，大極殿で律令の編纂を命ず〔草壁を皇太子とし万機を摂す〕。*3*- 帝紀上古諸事を定む |
| 682 | 11 | 52 | 38 | *8*- 考選は族姓による。*12*- 諸氏，氏上を定む |
| 683 | 12 | 53 | 39 | *1*- 大津皇子，朝政に参画。*4*- 銅銭を用いる(飛鳥工房遺跡より富本銭)。*12*- 諸国の境界を定む。 |

義江明子(よしえ あきこ)
1948年生まれ
東京都立大学人文科学研究科
専攻，日本古代史，女性史
現在，帝京大学名誉教授
主要著書
『県犬養橘三千代』(人物叢書，吉川弘文館2009)
『日本古代女帝論』(塙書房2017)
『つくられた卑弥呼――〈女〉の創出と国家』(ちくま学芸文庫2018)
『推古天皇』(日本評伝選，ミネルヴァ書房2020)
『女帝の古代王権史』(ちくま新書2021)

日本史リブレット人 006
天武《てんむ》天皇《てんのう》と持統《じとう》天皇《てんのう》
律令国家を確立した二人の君主

2014年 6 月25日　1 版 1 刷　発行
2022年 7 月31日　1 版 4 刷　発行

著者：義江明子《よしえあきこ》

発行者：野澤武史

発行所：株式会社 山川出版社

〒101－0047　東京都千代田区内神田 1 －13－13
電話 03(3293)8131(営業)
03(3293)8135(編集)
https://www.yamakawa.co.jp/
振替 00120-9-43993

印刷所：明和印刷株式会社

製本所：株式会社 ブロケード

装幀：菊地信義


Printed in Japan ISBN 978-4-634-54806-0

# 日本史リブレット 人

1 卑弥呼と台与 ——— 仁藤敦史
2 倭の五王 ——— 森 公章
3 蘇我大臣家 ——— 佐藤長門
4 聖徳太子 ——— 大平 聡
5 天智天皇 ——— 須原祥二
6 天武天皇と持統天皇 ——— 義江明子
7 聖武天皇 ——— 寺崎保広
8 行基 ——— 鈴木景二
9 藤原不比等 ——— 坂上康俊
10 大伴家持 ——— 鐘江宏之
11 桓武天皇 ——— 西本昌弘
12 空海 ——— 曾根正人
13 円仁と円珍 ——— 平野卓治
14 菅原道真 ——— 大隅清陽
15 藤原良房 ——— 今 正秀
16 宇多天皇と醍醐天皇 ——— 川尻秋生
17 平将門と藤原純友 ——— 下向井龍彦
18 源信と空也 ——— 新川登亀男
19 藤原道長 ——— 大津 透
20 清少納言と紫式部 ——— 丸山裕美子
21 後三条天皇 ——— 美川 圭
22 源義家 ——— 野口 実
23 奥州藤原三代 ——— 斉藤利男
24 後白河上皇 ——— 遠藤基郎
25 平清盛 ——— 上杉和彦
26 源頼朝 ——— 高橋典幸
27 重源と栄西 ——— 久野修義
28 法然 ——— 平 雅行
29 北条時政と北条政子 ——— 関 幸彦
30 藤原定家 ——— 五味文彦
31 後鳥羽上皇 ——— 杉橋隆夫
32 北条泰時 ——— 三田武繁
33 日蓮と一遍 ——— 佐々木馨
34 北条時宗と安達泰盛 ——— 福島金治
35 北条高時と金沢貞顕 ——— 永井 晋
36 足利尊氏と足利直義 ——— 山家浩樹
37 後醍醐天皇 ——— 本郷和人
38 北畠親房と今川了俊 ——— 近藤成一
39 足利義満 ——— 伊藤喜良
40 足利義政と日野富子 ——— 田端泰子
41 蓮如 ——— 神田千里
42 北条早雲 ——— 池上裕子
43 武田信玄と毛利元就 ——— 鴨川達夫
44 フランシスコ＝ザビエル ——— 浅見雅一
45 織田信長 ——— 藤田達生
46 徳川家康 ——— 藤井讓治
47 後水尾院と東福門院 ——— 山口和夫
48 徳川光圀 ——— 鈴木暎一
49 徳川綱吉 ——— 福田千鶴
50 渋川春海 ——— 林 淳
51 徳川吉宗 ——— 大石 学
52 田沼意次 ——— 深谷克己
53 遠山景元 ——— 藤田 覚
54 酒井抱一 ——— 玉蟲敏子
55 葛飾北斎 ——— 大久保純一
56 塙保己一 ——— 高埜利彦
57 伊能忠敬 ——— 星埜由尚
58 近藤重蔵と近藤富蔵 ——— 谷本晃久
59 二宮尊徳 ——— 舟橋明宏
60 平田篤胤と佐藤信淵 ——— 小野 将
61 大原幽学と飯岡助五郎 ——— 高橋 敏
62 ケンペルとシーボルト ——— 松井洋子
63 小林一茶 ——— 青木美智男
64 鶴屋南北 ——— 諏訪春雄
65 中山みき ——— 小澤 浩
66 勝小吉と勝海舟 ——— 大口勇次郎
67 坂本龍馬 ——— 井上 勲
68 土方歳三と榎本武揚 ——— 宮地正人
69 徳川慶喜 ——— 松尾正人
70 木戸孝允 ——— 一坂太郎
71 西郷隆盛 ——— 德永和喜
72 大久保利通 ——— 佐々木克
73 明治天皇と昭憲皇太后 ——— 佐々木隆
74 岩倉具視 ——— 坂本一登
75 後藤象二郎 ——— 村瀬信一
76 福澤諭吉と大隈重信 ——— 池田勇太
77 伊藤博文と山県有朋 ——— 西川 誠
78 井上馨 ——— 神山恒雄
79 河野広中と田中正造 ——— 田崎公司
80 尚泰 ——— 川畑 恵
81 森有礼と内村鑑三 ——— 狐塚裕子
82 重野安繹と久米邦武 ——— 松沢裕作
83 徳富蘇峰 ——— 中野目徹
84 岡倉天心と大川周明 ——— 塩出浩之
85 渋沢栄一 ——— 井上 潤
86 三野村利左衛門と益田孝 ——— 森田貴子
87 ボワソナード ——— 池田眞朗
88 島地黙雷 ——— 山口輝臣
89 児玉源太郎 ——— 大澤博明
90 西園寺公望 ——— 永井 和
91 桂太郎と森鷗外 ——— 荒木康彦
92 高峰譲吉と豊田佐吉 ——— 鈴木 淳
93 平塚らいてう ——— 差波亜紀子
94 原敬 ——— 季武嘉也
95 美濃部達吉と吉野作造 ——— 古川江里子
96 斎藤実 ——— 小林和幸
97 田中義一 ——— 加藤陽子
98 松岡洋右 ——— 田浦雅徳
99 溥儀 ——— 塚瀬 進
100 東条英機 ——— 古川隆久

〈白ヌキ数字は既刊〉